Pietro Trabucchi

PERSEVERARE È UMANO

Come aumentare la motivazione e la resilienza negli individui e nelle organizzazioni. La lezione dello sport

CORBACCIO

I edizione gennaio 2012
II edizione marzo 2012
III edizione giugno 2012
IV edizione settembre 2012
V edizione febbraio 2013

Per essere informato sulle novità
del Gruppo editoriale Mauri Spagnol visita:
www.illibraio.it
www.infinitestorie.it

Casa Editrice Corbaccio è un marchio di Garzanti Libri S.p.A.
Gruppo editoriale Mauri Spagnol

www.corbaccio.it

ISBN 978-88-6380-038-8

A Beatrice
e Martina

Agli atleti, ai tecnici e ai collaboratori
delle squadre italiane di ultramaratona

«Io credo che l'uomo non si limiterà a sopportare: egli prevarrà. Lui è immortale, non perché unico tra le creature ha voce inesauribile: ma perché ha un'anima, uno spirito capace di compassione, di sacrificio e di perseveranza.»

William Faulkner, Discorso di accettazione del premio Nobel, Stoccolma, 10 dicembre 1950

Prefazione

Questo è quel pergolato
e questa è quell'uva
che la volpe della favola
giudicò poco matura
perché stava troppo in alto.
Fate un salto,
fatene un altro.
Se non ci arrivate
riprovate domattina,
vedrete che ogni giorno
un poco si avvicina
il dolce frutto;
l'allenamento è tutto.

Gianni Rodari

Questo libro è una celebrazione delle capacità umane. Così, almeno, mi hanno assicurato. Di comparirci non me l'aspettavo proprio. Però mi fa molto piacere. Non tanto perché viene raccontata gran parte della mia vita d'atleta e le mie imprese su Everest, Kilimanjaro e Aconcagua. Ma soprattutto perché ho sempre sostenuto anch'io gran parte delle cose che vengono spiegate qui. Senza forza di volontà, senza impegno non si va da nessuna parte. Una volta questa era una lezione ben chiara. Oggi lo è molto meno. Forse la gente ha disimparato a lottare, è rassegnata, passiva, specialmente i giovani. Questo può essere pericoloso, visti i tempi che probabilmente ci aspettano. Se sono riuscito a correre sull'Everest senza ossigeno o a salire e scendere il Cervino in tre ore e quattordici minuti non è stato per le mie capacità fisiche; o per lo meno non solo per queste. Mi hanno sostenuto quelle che una volta si chiamavano le doti «morali», la forza di volontà e tutto il resto che oggi va sotto il nome scientifico di «resilienza». È ciò di cui siamo più carenti oggi, ciò su cui dobbiamo lavorare fin da ora. Dobbiamo allenarci. L'allenamento è tutto.

Bruno Brunod
Due volte campione del mondo di skyrunning
record mondiale salita e discesa Cervino (3h:14':44")
record mondiale salita e discesa Aconcagua
record mondiale salita e discesa Monte Rosa
ex record mondiale salita e discesa Kilimanjaro
più veloce salita al Campo 3 Everest North Face

Parte prima

Resilienza e motivazione

Capitolo 1

Perseverare è umano

1.1. Resilienza: l'arma segreta del Sapiens Sapiens

Errare è umano, perseverare è diabolico.
Proverbio popolare fuorviante

Al contrario di quello che sostiene il noto detto, perseverare non è diabolico: è umano. Diabolico è rinunciare a impegnarsi, rimanere immobili, mettersi ad aspettare che la motivazione arrivi dall'esterno, non sfruttare a fondo tutte le risorse di cui gli esseri umani sono dotati. Se impegno e motivazione mettono in grado di raggiungere risultati straordinari, diabolico è sprecare questa opportunità.*

* Questo è il significato originario anche della celebre parabola evangelica dei talenti (*Matteo* 25, 14-30). Il servo infingardo, che viene punito, è quello che sotterra i talenti ricevuti dal padrone, e così sciupa l'opportunità di farli crescere. La critica è verso chi spreca la propria vita e non si impegna a far crescere le proprie potenzialità. Oggi il concetto di «talento» ha un significato diverso,

Intorno al concetto di motivazione esiste molto disorientamento. Confusione inevitabile, visto che viviamo in una società che ha abbandonato il senso dell'impegno e della volontà individuale in cambio del culto della fortuna, del talento, della genetica interpretata come destino. La genetica iper-semplificata, quella dei rotocalchi, è una scienza fraintesa e piegata a un uso improprio: è una sorta di oroscopo più aggiornato, utile nel rassicurarci che tanto le cose sono già scritte e noi non possiamo cambiare nulla. Significativo che in questo capillare sforzo di divulgazione a uso sedativo siano andati persi gli ultimi sviluppi della genetica: quelli noti con il nome di *epigenetica*.*

L'epigenetica ha dimostrato che le nostre esperienze di vita – quindi le nostre scelte e i nostri comportamenti – modificano il nostro DNA qui e ora; e che queste modificazioni sono trasmissibili alla discendenza. Questo significa, in una specie di karma rivisitato, che quello che otteniamo in vita con fatica e impegno lo tramandiamo ai nostri successori. E altrettanto quello che non otteniamo.

Improvvisamente il fattore trainante dell'evoluzione non è più il caso: diventa in gran parte un fatto di motivazione,

ovvero di capacità innata. Paradossalmente così formulato è un concetto che, come vedremo, spinge all'immobilità e al fatalismo.

* L'epigenetica rivaluta enormemente il ruolo delle proteine regolatrici all'interno dei cromosomi. Le proteine regolatrici sono sensibili all'influenza dell'ambiente e trasmettono le loro modificazioni al DNA. Ciò significa che le esperienze dei genitori possono essere conservate e trasmesse direttamente per via genetica alla discendenza. Fino a ora si pensava che le modificazioni dei geni avvenissero in modo casuale e che venissero selezionate dall'evoluzione solo quelle che si rivelavano più adatte all'ambiente. Sull'epigenetica si veda L.A. Pray, *Epigenetics: Genome, Meet your Environment*, in *The Scientist*, 2004, 18, p. 14 e C. Dennis, *Epigenetics and disease: altered states*, in *Nature*, 2003, 421, pp. 686-688.

di volontà. Ciò aumenta in modo esponenziale il potere degli individui sulla propria vita, ma anche la loro responsabilità. Meglio non saperlo, allora: qualcuno potrebbe svegliarsi e rimanerne spaventato.

Smarriti l'impegno e la volontà individuale, nel nostro tempo la motivazione viene percepita sempre di più come qualcosa di esterno: qualcosa che non ci si può dare da soli, che si ha quasi per caso. Che dipende da incentivi, dall'essere fortunati o dalla volontà altrui. Una merce rara, una specie di dono occasionale, che ci è estraneo anche se ci muove. Non è così. Essere motivati non è una condizione eccezionale: come vedremo, per la nostra specie rappresenta la norma. Si tratta di uno dei segreti del successo dell'evoluzione umana: la capacità di automotivarsi e di mantenere per lunghissimo tempo la motivazione.

Una società demotivata condanna i suoi membri a non diventare mai padroni della propria vita. Finisce che il luogo del controllo è sempre esterno: se sei nato così, con queste caratteristiche, a che pro lottare per cambiare la situazione? Se per la corsa o per quell'attività «non sei portato», oppure sei di quel segno zodiacale che non è adatto, o se non hai il gene giusto, perché continui ad affannarti? Se sei furbo aspetti la fortuna, la spintarella, il cambiamento di vento. Nel frattempo è inutile stancarsi. La scomparsa dell'impegno lascia spazio all'adorazione delle scorciatoie: abbiamo una pillola per raggiungere senza fatica qualsiasi obiettivo, da oggi perfino la crema per dimagrire mentre si dorme. Il prodotto finale di questo modo di pensare sono passività e apatia. Soprattutto nelle nuove generazioni. Allevate con questa mentalità, non rimane altro destino per le nuove generazioni che crescere come buoni e docili consumatori. Una sorta di schiavitù edulcorata.

Eppure, prima di oggi, il genere umano non ha potuto permettersi alcuna demotivazione, alcun tentennamento di fronte alla vita. E ciò – principalmente – per due ordini di fattori radicati nel nostro passato. Ci soffermeremo a lungo su di essi, ma voglio anticiparli brevemente: per prima cosa siamo una specie che nasce incompleta, bisognosa di accudimento esterno, con pochi comportamenti già pre-formati e con un cervello privo di connessioni stabili.* Il controvalore di questa vulnerabilità iniziale sta nella possibilità successiva di super-apprendere rispetto agli altri animali e di sapersi quindi adattare a tutti gli ambienti.

Se apprendere, allenarsi, creare nuove connessioni nervose fa parte del destino umano, non deve stupire che l'uomo sia straordinariamente motivato da tutte quelle attività che lo fanno sentire capace, autonomo e autodeterminato. Le persone sono molto più disposte a impegnarsi quando la motivazione fa leva su questi fattori; lo sono molto meno quando le motivazioni si appoggiano soltanto su incentivi, sanzioni o sulla volontà altrui non condivisa. Purtroppo la nostra cultura è debole di fronte a questa esigenza, le organizzazioni sono impreparate a fornire stimoli di questo tipo: tutte, a cominciare dal sistema scolastico, sono molto più strutturate per far leva sul senso di incompetenza dell'individuo, piuttosto che per cercare di sviluppare l'opposto.

* Lo scimpanzé – con cui l'uomo condivide più del 98% del patrimonio genetico – alla nascita presenta un cervello sviluppato pari a circa il 70% di quello di un adulto, e ne completa la forma nei primi mesi vita, mentre nell'uomo le dimensioni del cervello alla nascita sono circa il 30% di quelle di un adulto, e la crescita avviene lentamente fin'oltre i vent'anni. Ciò dà luogo a uno sviluppo straordinario dell'area cerebrale deputata ai processi di pensiero, la neocorteccia.

Nei prossimi capitoli leggerete alcune testimonianze su quanto le persone siano disposte a soffrire, fare sacrifici, andare oltre i propri limiti se in cambio ricevono il piacere di «farcela», di sentirsi competenti.

Ciò che più di tutto contraddistingue le spinte motivazionali è la loro resistenza, la forza con cui sanno abbattere difficoltà e ostacoli. In fondo, se ci pensiamo bene, tutti abbiamo delle motivazioni. Ne abbiamo ogni giorno. Il vero problema sta nella capacità di farle durare.

Facciamo un esempio classico: quello di san Silvestro. L'ultimo giorno dell'anno gran parte della gente si pone obiettivi ambiziosi per l'anno successivo. Dimagrire, rinunciare a certe abitudini, oppure intraprendere un programma di esercizio fisico. Purtroppo gran parte di quelle intenzioni svaniscono entro la prima settimana. Che succede? Le persone non erano davvero motivate? No, molto probabilmente lo erano. Quasi sempre avevano scelto liberamente l'obiettivo. Spesso la scelta si era basata su una serie di processi e informazioni razionali che sostenevano la reale utilità di quel proposito. Ad esempio, tutti i fumatori sanno benissimo a livello razionale che smettere di fumare porta a sensibili vantaggi in termini di salute. E questo vale anche per chi vuole perdere peso, smettere di bere, controllare i propri impulsi iracondi e così via. Eppure quando i costi del perseguire quell'obiettivo (in termini di disagi, di percezione di fatica, di imprevisti, di ostacoli incontrati, di attenzione da dover dedicare...) hanno superato una certa soglia soggettiva, la motivazione si è volatilizzata.

Ecco che per comprendere come funziona la motivazione, diventa essenziale il concetto di «resilienza». La resilienza è la capacità di persistere, di far durare la motivazione nonostante gli ostacoli e le difficoltà.* Il termine «resilienza» proviene dalla metallurgia: indica, nella tecnologia dei metalli, la resistenza a rottura dinamica ricavata da una prova d'urto. In questo campo, la resilienza rappresenta il contrario della fragilità. Etimologicamente il termine «resilienza» deriva dal verbo latino «resalio», iterativo di «salio». Qualcuno propone un collegamento suggestivo tra il significato originario di «resalio» – che connotava anche il gesto di risalire sull'imbarcazione capovolta dalla forza del mare – e l'attuale utilizzo in campo psicologico: entrambi i termini indicano l'atteggiamento di andare avanti senza arrendersi, nonostante le difficoltà.

La differenza nell'intensità delle motivazioni umane si misura proprio nel loro grado di resilienza. C'è chi rinuncia a un obiettivo neanche troppo sfidante al primo contrattempo. C'è chi, come Henri Charrière (al secolo «Papillon»), è riuscito a sopravvivere ai lavori forzati in Caienna per trenta atroci anni, perché motivato dal desiderio di riconquistare una libertà che gli era stata ingiustamente sottratta. La potenza della motivazione umana è stupefacente. Gli altri animali non sanno apprendere dalle sconfitte, esercitare la speranza nei contesti più sfavorevoli, rialzarsi e ricominciare a ricostruire da capo dopo le sventure. Queste capacità umane non sono l'effetto del possesso di un fisico invulnerabile o di un potere soprannaturale. La resilienza è una capacità cognitiva. Vale a dire che attiene al modo in cui elaboriamo le informazioni e ci rapportiamo con la realtà. Come tutte le capacità umane, è incrementa-

* Al concetto di resilienza ho dedicato il libro *Resisto dunque sono*, Corbaccio, 2007, che approfondisce il concetto soprattutto in relazione alla capacità di gestire lo stress.

bile: tutti gli individui possono migliorarla, indipendentemente dalla dotazione di base che ricevono alla nascita. Coltivare la resilienza però, come vedremo, è una disciplina. Non ci sono formule magiche o scorciatoie. Va allenata, ma richiede tempo e dedizione.

Due parole sul termine «cognitivo». È importante evitare di cadere in certi equivoci. Cambiare la propria percezione del mondo non significa crearsi illusioni o raccontarsi menzogne. Significa, al contrario, diminuire il tasso di falsità, inesattezza o distorsione con cui costantemente leggiamo la realtà. Questo velo di contraffazione ha spesso la funzione di mantenerci all'interno della nostra area di comfort, proteggendoci dalla fatica di impegnarci per realizzare pienamente il nostro potenziale. E, attraverso continue endovene di vittimismo, ci consola del fatto che il mondo è cattivo e non ci merita; e che quindi noi non abbiamo alcuna responsabilità.

Il sistema cognitivo della persona resiliente scopre opportunità reali, non si inventa fantasmi consolatori. La differenza tra la prima e la seconda opzione è che la prima si può tradurre in comportamenti che modificano in modo efficace la realtà, cioè in impegno. La seconda no. «Motivazione», «resilienza» e «impegno» sono le tre parole chiave di questo libro.

Rimane solo un'ultima nozione generale riguardo la resilienza. Il sistema cognitivo attiene al pensiero e origina nelle nostre strutture cerebrali; tuttavia è in strettissima relazione con il funzionamento del corpo e con la regolazione dei processi emozionali. Per duemila anni in Occidente abbiamo vissuto nella falsa credenza che «mente» e «corpo» fossero separati. Oggi sappiamo che non è così. I pensieri influenzano il funzionamento del corpo e viceversa.

Le persone resilienti possono contare anche su una risposta corporea adeguata per sostenere la propria motivazione. Le dimostrazioni sono tante. Lo sport ci sottopone continuamente esempi empirici dell'influenza tra pensiero e corpo. Pensiamo alla stupefacente capacità che possiedono certi atleti di spostare le soglie di percezione del dolore. La convinzione di «potercela fare» spinge avanti soggetti con lesioni o gravi forme di infiammazione. L'ho potuto constatare molte volte nelle gare di ultramaratona. È un dato di fatto, a prescindere dai giudizi che si possano dare sulla scelta di trascendere i propri limiti fisici procurandosi delle patologie. Una forte resilienza può spingere la motivazione delle persone a un impegno straordinario.

Se l'impegno è il risultato della motivazione, perché gli esseri umani sono così bravi a impegnarsi? Perché abbiamo detto che essere intensamente motivati rappresenta la norma nella nostra specie? La risposta riguarda l'altro ordine di fattori che, in senso motivazionale, ci rende unici in quanto esseri umani.

Be', è una storia lunga, che va avanti da quasi due milioni di anni, da prima che diventassimo Homo Sapiens Sapiens. Permettetemi una parentesi. Mi ha sempre colpito il fatto che quando dobbiamo pensare alla massima espressione sportiva, la maggior parte di noi indica la finale olimpica dei cento metri: la suprema manifestazione di potenza e velocità. Eppure, la nostra specie è poco adatta a quel tipo di prestazioni. Un leone affamato impiegherebbe meno di venti secondi a raggiungere Usain Bolt, l'uomo più veloce del pianeta. Forse è vero che l'erba del vicino è sempre più verde; o che si ammirano di più le qualità che meno si possiedono. Perché c'è un fatto incontrovertibile. Altro che sprint: la specie umana è molto lenta se consideriamo la velocità massima su brevi distanze. Ma indubitabilmente l'uomo è l'animale più resistente (in senso fisico) sulla faccia della Terra: quello capace, cioè, di tenere una bassa velocità per un tempo maggiore.

Nel 2004 la prestigiosa rivista *Nature* dedica la copertina del mese di novembre a una ricerca insolita. Si tratta dello studio di due scienziati, Dennis Bramble e Daniel Lieberman che dimostrano come l'evoluzione abbia selezionato nella nostra specie alcune caratteristiche che la rendono – unica tra i primati – specialista nella corsa di resistenza.* I due ricercatori hanno individuato nel corpo umano ventisei marker morfologici che segnalano adattamenti alla corsa di resistenza.

I nostri cugini prossimi, lo scimpanzé, il gorilla, l'orango sono camminatori, ma non corrono né coprono lunghe distanze. I primati presentano uno sviluppo molto limitato dei glutei, che sono una caratteristica tipicamente umana e sono il muscolo chiave nella corsa bipede.

Sono privi del legamento nucale, una formazione anatomica che serve a stabilizzare il cranio durante la corsa. Anche gli Australopitechi ne erano privi. I rudimenti del legamento appaiono con l'Homo Erectus. Il legamento nucale è una formazione anatomica tipica delle specie che corrono: cavalli, canidi e umani. I maiali per esempio ne sono privi: essi possono compiere solo brevi scatti, ma non cor-

* Dennis M. Bramble & Daniel E. Lieberman, *Endurance Running and the Evolution of Homo*, in *Nature*, 2004, 432, pp. 345-352; D.E. Lieberman, D.A. Raichlen, H. Pontzer, D.M. Bramble e E. Cutright-Smith, *The Human Gluteus Maximus and Its Role in Running*, In *Journal of Experimental Biology*, 2006, 209: pp. 2143-2155; C. Rolian, D.E. Lieberman, J. Hamil, J.W. Scott e W. Werbel, *Walking, Running and the Evolution of Short Toes in Humans* in *Journal of Experimental Biology* (2009) 212, pp. 713-772.

se di resistenza. Tentate di far correre un maiale su un tapis roulant e ve ne accorgerete. Bramble e Libermann lo hanno fatto e, come dice Bramble, «non è stato un bello spettacolo».

Inoltre i primati hanno un tendine d'Achille poco sviluppato. Fattore vantaggioso per chi cammina perché rende il passo più stabile, ma che rende la corsa bipede praticamente impossibile: provate a correre tenendo i piedi rigidamente a martello!

Poi l'adattamento più evidente: l'Homo Sapiens Sapiens è pressoché privo di pelliccia, fatta eccezione per una piccola porzione superstite sulla sommità del capo destinata a proteggere il cervello dall'irraggiamento solare. Gli umani presentano una termoregolazione molto più efficiente che qualsiasi altra specie animale. La perdita del pelo si accompagna a un incremento straordinario della presenza di ghiandole sudoripare sotto la pelle glabra. Il sudore è veramente una conquista umana! Grazie al suo cane Vashti, Lieberman ha collegato questo adattamento alla necessità di correre a lungo. Quando uscivano insieme a fare jogging, Lieberman notava che nelle giornate particolarmente calde Vashti non riusciva a terminare il solito percorso senza doversi fermare per qualche minuto sotto l'ombra di un albero. Quella pausa serviva all'animale per smaltire calore interno attraverso la respirazione, visto che i cani non possiedono una rete efficiente di ghiandole sudorifere. Gli umani, invece, benché molto più lenti negli sprint, si sono evoluti per correre a lungo.

Ma tutto questo, perché? Perché la possibilità di correre ha aperto nuovi orizzonti alimentari alla nostra specie. Il passaggio fondamentale nell'evoluzione dei nostri progenitori sembra sia stata proprio l'introduzione di nuove fonti di cibo:* più calorie e proteine extra a disposizione nella dieta hanno permesso al nostro cervello di espandersi trasformando il limitato «processore» dell'Australopiteco nel modello molto più evoluto proprio dell'Homo Erectus. Più proteine, vuol dire più carne. Anche altri primati come lo scimpanzé sono carnivori occasionali. L'utilizzo da parte loro di tecniche di caccia in gruppo nei confronti di prede come scimmie più piccole (i colobi, per esempio) è stato spesso osservato da etologi e naturalisti. Tuttavia non si tratta di eventi abituali. Il ricorso sistematico alla caccia e la conseguente relativa disponibilità di cibo sembra essere stato uno dei fattori chiave per lo sviluppo di comportamenti sociali strategici, di abilità comunicative, di strumenti e del cervello stesso.

I nostri lontani antenati cacciavano prede di grosse dimensioni, unica possibilità per assicurare carne all'intero gruppo: antilopi, gazzelle, orici, cervi, ungulati pronti a scappare, e di grossa taglia. E non era impresa facile: due milioni di anni fa l'arco e le frecce non erano ancora stati inventati. Non c'erano nemmeno la lancia (la cui comparsa pare situarsi tra i trecento e i duecentomila anni fa); men che meno le fionde, le balestre e tutto il resto dell'arsenale. Come potevano farcela quegli incroci tra scimmioni ed esseri umani, armati solo di nudi bastoni? È semplice. Privi della velocità per assalirle a sorpresa sfinivano le prede a furia di inseguirle. È la tecnica che viene definita «persistence hunting», caccia persistente. Al giorno d'oggi esistono ancora popolazioni che praticano questo tipo di caccia,

* Si veda per esempio: Craig B. Stanford, *Scimmie cacciatrici*, Longanesi, 2001.

come i Boscimani o i Tarahumara messicani.* L'animale inseguito inizialmente distanzia i cacciatori. Ma questi restano sulle sue tracce anche quando l'animale non è più in vista. Dopo qualche tempo la preda comincia a surriscaldarsi e deve rallentare: come nel caso di Vashti, il cane di Lieberman, la sua termoregolazione non è efficiente come quella dei suoi inseguitori. Alla fine, dopo un inseguimento che dura anche cinque o sei ore, l'animale è sfinito; e spesso collassa prima ancora che gli inseguitori lo abbiano raggiunto e ucciso a bastonate.

Oltre un milione di anni su e giù attraverso la savana hanno plasmato la nostra specie. C'è stata una pressione selettiva nei confronti degli individui più resistenti e verso lo sviluppo di particolari caratteristiche fisiche. Fino a ora l'attenzione degli scienziati si è focalizzata sugli adattamenti fisici, ma un milione e più di anni di «caccia persistente» hanno anche selezionato speciali caratteristiche cerebrali. Il cacciatore perseverante aveva necessità di mantenere la concentrazione e l'impegno sull'obiettivo a livelli elevati e per lungo tempo. Oggi si cominciano a studiare alcune aree recenti del cervello umano, come le aree pre-frontali. Sono aree coinvolte nella concentrazione, nei processi attentivi e nei comportamenti mediati dall'intervento della volontà, come resistere a una tentazione. Se qualcuno vi mette davanti il vostro dolce preferito e vi chiede di non toccarlo, queste aree si attivano in modo massiccio. La «forza di volontà» cessa di essere un concet-

* Louis Liebenberg, *Persistence Hunting by Modern Hunter-Gatherers*, in *Current Anthropology*, 2006, 47, p. 6; Louis Liebenberg, *The Relevance of Persistence Hunting to Human Evolution*, in *Journal of Human Evolution*, 2008, 55, pp. 1156-1159.

to filosofico e comincia a diventare un'espressione dell'attività cerebrale, un tassello di quel puzzle complesso che abbiamo definito «resilienza». Mantenere la motivazione è una disciplina, è esercizio, richiede risorse. La motivazione non è equiparabile al desiderio; o per lo meno non è solo questo. È anche abitudine a mantenere il disagio, a sopportare. Un'intera parte del nostro cervello si è sviluppata per permetterci questo. Queste aree sono massicciamente implicate in certe attività sportive dove la componente motivazionale è fondamentale, come le gare di ultramaratona.

Bastano questi accenni alla storia della nostra specie per scoprire l'ingenuità di certe concezioni, come quella che vede nella motivazione uno stato straordinario; o quella che sostiene che agli umani, per esprimere comportamenti motivati, siano indispensabili incentivi o spinte esterne.

Eppure per esserne convinti dobbiamo sbarazzarci di molte credenze consolidate che persistono nel mondo dello sport, in quello delle organizzazioni, perfino in quello accademico. Farlo non è facile. Personalmente, per arrivarci, ho dovuto ricevere una sonora lezione.

1.2. La lezione

> *Ci sono tre grandi cose al mondo: gli oceani, le montagne e una persona motivata.*
>
> Winston Churchill

32° 39.65′ lat., 70° 03.52′ long., Aconcagua, Argentina, gennaio 2000

Eravamo sul lato ovest della montagna, quello opposto

al sorgere dell'alba. Il cielo schiariva e il sole ancora nascosto aveva proiettato l'ombra gigantesca della montagna sulle terre sottostanti, sino ai limiti dell'orizzonte. Laggiù da qualche parte c'era l'oceano Pacifico. Ora, con il sole ormai alto, osservavo i tre puntini che correvano molto al di sotto di me, attraverso il Gran Accareo: una fascia di pietrisco, rocce e macchie di neve, simile allo scivolo di un gigante, che caratterizza il versante nord-ovest dell'Aconcagua a partire da quota 5600 metri fino a 6600 circa. Con sollievo guardavo i tre filare verso il basso, verso il campo base. Il senso di sollievo, di adempimento, mi riportò alla mente le parole di san Paolo nella seconda lettera a Timoteo: «Ho combattuto la buona battaglia, ho terminato la mia corsa, ho conservato la fede» (2 Tm 4,6-7). Eppure, anche se la tensione si allentava, anche se l'obiettivo era raggiunto, anche se tutto, alla fine, aveva funzionato, rimaneva una parte di fallimento. Invisibile a tutti, oscura, ma per me inequivocabile. Dal punto di vista sportivo era stato un trionfo. I tre atleti avevano scalato Ancocahuac, la sentinella bianca, una delle più grandi montagne della terra, la più alta del continente americano e dell'emisfero occidentale in un tempo straordinario: tre ore e quaranta minuti per salire, meno di cinque ore tra salita e discesa. Il record precedente, ottenuto da una squadra francese otto anni prima era stato polverizzato di oltre un'ora. Era il primo di una lunga serie di successi a venire, ma ancora non potevo saperlo. Nei dieci anni successivi mi sarei dedicato all'*High Performing Team Project*, un progetto finalizzato a cogliere e potenziare le caratteristiche di resilienza in team impegnati a conseguire obiettivi sportivi in situazioni di estremo stress (si veda la tabella seguente).

High Performing Team Project
Fostering Resilience
Le imprese focalizzate sull'azione di team resilienti compiute nel decennio 1999-2009

ANNO	LUOGO	OBIETTIVO	ATLETI	SQUADRA DI SUPPORTO	SPECIFICHE
1999	Argentina	**Record mondiale di ascensione e discesa in velocità dell'Aconcagua** (6962 m.)	Bruno Brunod, Jean Pellissier, Fabio Meraldi	4	Campo base – vetta: 3h 40′
2001	Tanzania	**Record mondiale di ascensione e discesa in velocità del Kilimanjaro** (6962 m.) (*)	Bruno Brunod	4	Ingresso parco – vetta e ritorno: 8h 34′52″
2002	Italia	**«Valle d'Aosta a fil di cielo»** Percorso integrale di tutta la cresta di confine della Valle d'Aosta, comprendente parti alpinistiche di alto contenuto tecnico. Impresa premiata da una Giuria internazionale come «migliore prestazione dell'Anno internazionale delle montagne»	Claudio Bastrentaz, Paolo Comune	Staff scientifico: 2 Assistenza logistica: vari volontari + soccorso alpino valdostano	54 giorni, 52.000 metri di dislivello positivo, 350 km, 173 vette oltre i 3000 metri, 32 cime oltre i 4000; realizzazione della prima traversata integrale no-stop del massiccio del Monte Bianco sul filo della cresta
2005	Tibet	**«Everest Vitesse»** Tentativo di record mondiale di ascensione dell'Everest arrestato a quota 8250 (in ogni caso più veloce prestazione mai realizzata su questo ottomila senza ossigeno)	Bruno Brunod	10	Tentativo fermato al campo 3, 8250 metri circa, dopo 3100 metri di dislivello positivo e 30 km circa di sviluppo, per condizioni meteo impossibili

2007	Alaska	**«Denali Express»** Tentativo di record mondiale sul McKinley	Jean Pellissier	6	Tentativo fermato tra il campo 5 e la vetta per freddo e sfinimento
2008	Italia-Francia-Svizzera	**«PTL 2008»** Competizione a squadre sulle Alpi consistente in una traversata da compiere entro un certo tempo in autosufficienza e con percorso in orientamento	Ornella Gabrielli, Marco Roz, Pietro Trabucchi	Autosuff.	Preparazione della squadra italiana e della prima donna a terminare la competizione
2009	Italia	**«Tor des Géants» edizione «zero»** Verifica della fattibilità atletica, fisica e mentale oltreché logistica della competizione di corsa in montagna di 330 km effettuata nelle stesse condizioni di gara	O. Gabrielli, C. Bastrentaz, R. Peron, P. Trabucchi	Staff ricerca scientifica: 3 Logistica: 2	L'edizione «zero» apre la strada a una successiva serie di studi scientifici che aumentano la nostra comprensione di come funziona la resilienza.

(*) Record battuto nel 2011.

Eppure quella prima volta non tutto aveva funzionato.

Una spedizione finalizzata alla conquista di un record alpinistico è più complessa di una spedizione che intenda «semplicemente» raggiungere la cima di una montagna. Gli atleti lavorano costantemente al limite e – in nome della prestazione – sono disposti ad accettare più rischi di quanto avviene in una normale ascensione. Pertanto bisogna poter garantire loro tutta l'assistenza e tutta la sicurezza possibili. Quindi, oltre agli atleti che tentano il record, devono essere dislocati lungo il percorso altri membri della squadra con funzioni di supporto. Sono quelli che scherzosamente definivamo «i badilators», cioè gli esecutivi, gli uomini di fatica, a cui mi pregiavo ovviamente anch'io di appartenere.

Queste persone, e non gli atleti che compiono l'impresa, rappresentano spesso il punto di vulnerabilità della squadra. Il loro è un compito fondamentale, che espone a rischi e disagi, ma che è difficilmente remunerabile in modo proporzionale ai sacrifici sostenuti. Spesso privi di qualsiasi gratificazione concreta e visibilità, questi soggetti si assumono enormi responsabilità e compiono fatiche inenarrabili: la loro resilienza e le loro spinte motivazionali sono l'architrave su cui si regge tutta la macchina della spedizione. Sono loro che forniscono l'assistenza durante il record. Sono loro che si occupano concretamente dell'aspetto logistico dell'impresa, come ad esempio portare in alto le tende e montare i campi.

Costoro devono condividere l'obiettivo del team, permettere all'atleta di conseguire il record ed essere disposti a rinunciare a ogni obiettivo individuale, come per esempio raggiungere a loro volta la cima della montagna. Se la loro motivazione cala, o non regge alla prova dei fatti, allora tutta l'organizzazione è in pericolo. Nel nostro caso, due persone – esattamente la metà della squadra di supporto – avevano ceduto ed erano rientrate in Italia ben prima del giorno del record. A posteriori era evidente che costoro non avevano mai rinunciato davvero agli obiettivi individuali. Li avevamo reclutati in una maniera quasi casuale, erano dei semplici conoscenti. Si erano detti disposti a partecipare alla spedizione per contribuire all'assistenza. In realtà non erano interessati all'obiettivo della squadra. Vedevano nella proposta un'occasione per tentare la cima dell'Aconcagua con il viaggio pagato. Una volta giunti sul posto, il loro comportamento si era fatto sempre meno collaborativo man mano che l'acclimatazione procedeva. Alla fine avevano tentato la scalata della montagna per conto proprio: uno ce l'aveva fatta, l'altro no. Una volta ridiscesi al campo base, avevano deciso di tornare a casa. Così, il giorno del record la squadra di assistenza si era ridotta a due componenti.

In quel giorno fatidico, tutto aveva comunque funzionato: ma solo perché non c'erano stati imprevisti, solo grazie alla forza straordinaria degli atleti. E perché in fondo l'Aconcagua – a dispetto delle sue dimensioni e della sua quota rispettabile (è un settemila mancato per pochissimi metri) – è una montagna che non presenta problematiche tecniche nel versante scelto per il record. Su altre montagne non avremmo potuto permetterci di perdere metà della squadra di assistenza. Questi erano i fatti.

Ma alla base di tutto c'era un problema fondamentale. La verità era che il trionfo sportivo nascondeva un fallimento organizzativo. Il mio approccio nel motivare queste due persone era stato ingenuo. Si era rivelato inadeguato. Certo, prima ne avevamo parlato insieme. Ma è evidente che la persuasione verbale non basta a motivare le persone. Per lo meno non in contesti dove la posta in gioco diventa alta in termini di sacrifici e rinunce personali. Come si fa a ottenere che delle persone condividano un obiettivo difficile, mettano a repentaglio la loro incolumità, affrontino sacrifici e patimenti, si sacrifichino senza avere quasi nulla in cambio? Perché di questo si trattava in fondo. Improvvisamente mi ero accorto che tutta la mia conoscenza libresca sulla motivazione non mi serviva a nulla. Ciò che insegna l'università è spesso una generalizzazione di comportamenti osservati in contesti sperimentali, oppure il retaggio di teorie filosofiche sull'agire umano o di modelli assolutamente astratti. Tutto ciò non ha grandi possibilità di applicazioni pratiche sulle scelte comportamentali di persone a cui stiamo chiedendo di appendersi in un baratro, di risalire pendii spazzati da valanghe, di rischiare edemi polmonari o cerebrali in cambio di poco o nulla. Ma altrettanto deludente mi pareva l'applicazione di metodologie apparentemente più pratiche, insegnate spesso ai venditori o nelle aziende.

Provate ad applicare la programmazione neurolinguistica* o tecniche simili a persone furiose perché immobilizzate da giorni in tenda e costrette a razionare il cibo; o a gente sfinita che con la bava alla bocca si rifiuta di proseguire. Non dubito che nell'ambito di una interazione tra

* La programmazione neurolinguistica o PNL è una tecnica che postula la possibilità di influire sugli schemi comportamentali di un soggetto tramite la manipolazione di processi neurologici attuata per mezzo dell'uso del linguaggio. La sua validità scientifica è tutt'ora in discussione poiché l'approccio non è stato sottoposto a verifiche sperimentali attuate con metodo scientifico. Non trovando applicazione in campo terapeutico, è invece molto applicata al mondo delle vendite per manipolare l'interlocutore.

due persone affabili, vestite in giacca e cravatta, il cui stomaco ha ricevuto un pasto qualche ora prima e la cui posta in gioco si traduca nell'acquistare o meno una nuova autovettura, queste tecniche possano fare la differenza. Ma qui era diverso. E in effetti, a pensarci bene, mi accorgevo di saperne poco anche sulla motivazione che spingeva gli atleti in casi come questi. Come facevano a reggere uno sforzo simile, come poteva il loro cervello e la loro volontà ottenere che andassero avanti vincendo fatiche del genere? E poi cosa ci guadagnavano? Un record che non cambiava la loro vita, non dava loro nessuna visibilità, non cambiava l'entità del loro conto in banca...

L'Aconcagua mi diede una grande lezione. Mi costrinse a rivedere tutte le mie conoscenze in materia. Mi incentivò a sperimentare strumenti realmente utili.

Negli anni successivi fui abbastanza fortunato da avere varie occasioni reali per mettere alla prova i modelli e le conoscenze che andavo accumulando: sia con atleti individuali – anche di valore mondiale – sia con squadre e gruppi impegnati nel conseguimento di record e prestazioni di eccellenza. Con alcune squadre siamo stati impegnati in Alaska, sull'Everest, in Canada, in Africa. Ma ho ricavato un bagaglio di esperienze preziose anche dal rapporto con tanti sportivi amatoriali e con atleti giovanissimi. Per non dimenticare quanto ho imparato dal confronto con tecnici e allenatori – grazie anche all'attività universitaria – e nelle organizzazioni come aziende e scuole.

Le esperienze fatte e le conoscenze che ne ho ricavato, saranno materia dei prossimi capitoli. Prima, però, è importante sgombrare il campo da una serie di leggende intorno al concetto di «motivazione» che appestano il mondo dello sport nonché quello delle organizzazioni e delle istituzioni. Queste leggende sono essenzialmente tre: il mito del talento, la sopravvalutazione degli incentivi e delle spinte esterne alla volontà dell'individuo, e infine la favola dei motivatori.

Punti chiave

- **Intorno al concetto di «motivazione» esiste molto disorientamento. Poiché la nostra cultura ha smarrito il senso dell'impegno e della volontà individuali, siamo portati a pensare la motivazione come qualcosa che dipende esclusivamente dalle condizioni esterne. Ci motivano sempre gli altri o le situazioni fuori da noi. In realtà essere *automotivati* non è una condizione eccezionale: rappresenta la norma per la nostra specie. Molti esempi lo dimostrano.**

- **Tutti abbiamo delle motivazioni. La differenza tra gli individui sta nella loro capacità di farle durare a lungo nonostante ostacoli, difficoltà e problemi. La capacità di *perseverare*, di far durare a lungo la motivazione viene detta *resilienza*.**

- **La resilienza non è un dono magico o sovrannaturale: è una capacità cognitiva, cioè legata al modo con cui elaboriamo le informazioni e ci rapportiamo con la realtà. Essa può essere allenata e accresciuta da tutti, in qualsiasi momento della vita. Ma richiede impegno e disciplina. Non ci sono ricette miracolose.**

- **Perché l'automotivazione è una condizione ordinaria per gli esseri umani? Per una ragione non filosofica, ma evolutiva. Per un milione e**

mezzo di anni i nostri antenati sono sopravvissuti – accrescendo la loro disponibilità di calorie e proteine – grazie alla «caccia persistente»: l'inseguimento degli ungulati per diverse ore, fino al loro collasso cardiocircolatorio. Era l'unica possibilità di cacciare queste prede quando ancora non esistevano lance o archi. Bramble e Lieberman hanno dimostrato gli adattamenti fisici e biomeccanici che questo milione e mezzo di anni ha comportato per la nostra specie. Oggi cominciamo a scoprire anche quelli cerebrali: mantenere elevata la motivazione sulla preda per ore nonostante fatica e pericoli ha sviluppato nuove aree del cervello. È il *cervello motivazionale*.

Capitolo 2

Impegno, talento, motivazione

2.1. Il primo grande demotivatore: il mito del talento

Tutto ciò che siamo è il risultato di ciò che abbiamo pensato.
Gautama Buddha

Recandosi la domenica in un centro commerciale si può assistere al naufragio dell'umanità. Non saprei definire in altro modo un certo tipo umano sempre più diffuso nella nostra società, il cui comportamento è caratterizzato da passività, apatia e disinteresse totale verso il mondo esterno, fatta eccezione che per il consumo di beni. Sono gli effetti lontani di una cultura che rende gli individui passivi, perché celebra con la massima forza concetti fuorvianti come «il talento», insieme al suo braccio «scientifico»: la genetica-da-rotocalco. Credere ciecamente che il nostro destino sia determinato esclusivamente dai geni o dalle predisposizioni naturali conduce alla passività e alla rassegnazione. Fateci caso: oggi – in tutti i campi – le prestazioni di eccellenza vengono collegate al possesso di abilità innate. O, come si usa dire, all'«avere talento». Il termine «talento» rimbalza continuamente nelle aziende, nei titoli di trasmissioni televisive di successo,* nelle analisi delle prestazioni sportive compiute da pubblico e organi di informazione. Attenzione: non voglio sostenere che le abilità innate non contino o che la genetica non abbia un peso sugli eventi. Tutt'altro.

Ma sottolineo il rischio di adottare (anche nei confronti di se stessi) una mentalità che invece di promuovere l'accento sull'impegno, sulle motivazioni che lo favoriscono e sulla capacità di resilienza, preferisce pensare di recitare un copione immodificabile, dove il DNA o la fortuna o il Creatore hanno già scritto tutta la parte. Il corollario implicito è: se le cose stanno così, noi non abbiamo nessun potere per gestirle o cambiarle. Se per esempio definiamo qualcuno «non portato per la matematica» gli stiamo implicitamente dicendo due cose: la prima è che se va male in matematica in fondo la colpa non è del tutto sua, perché non ha ricevuto nessun dono a questo proposito; la secon-

* Prendiamo uno di questi programmi, *Italian's Got Talent*, puntata del 4 giugno 2011. Nella trasmissione si sfidano i seguenti concorrenti: una famiglia (padre, madre e tre figli) che suona brani di musica classica, una cantante esperta, quattro fratelli acrobati in grado di formare una piramide umana dove i due uomini del vertice stanno in verticale poggiati su una sola mano, un prestigiatore, un artista in grado di comporre ritratti di celebrità dipingendo i loro visi alla rovescia. Quale di questi «talenti» si basa su meno di cinquemila ore di esercizio finalizzato? Qualcuno nasce con il «talento» di fare verticali su una mano o ci arriva in anni di allenamento? Non sarebbe più onesto intitolare questo programma «I frutti dell'impegno e della determinazione», piuttosto che avallare l'idea fuorviante che si tratti di «capacità innate»? Tant'è che uno dei tre giudici «boccia» la famiglia dei musicisti perché «non si sono esercitati abbastanza»...

da è che d'ora in avanti può evitare di impegnarsi per cambiare la situazione, perché essa non è modificabile per definizione. Questa mentalità è dura da estirpare perché i suoi vantaggi a breve termine sono notevoli: de-responsabilizzazione e fuga dalla fatica dell'impegno. Il problema sono gli svantaggi sul lungo periodo.

Nel tempo, gli svantaggi consistono nel fatto di crearsi una serie di limiti e di barriere autoindotte. Portata all'estremo questa situazione richiama una condizione sperimentale che si può ottenere con gli animali da laboratorio: l'«impotenza appresa». Immaginate una gabbia divisa in due da una piccola saracinesca. Ora alzate questa saracinesca. Se insegnate a un animale in gabbia a sottrarsi alle scosse elettriche generate nel pavimento di una delle due zone saltando dall'altra parte, l'animale sopravvive egregiamente. Quando avverte l'impatto della scarica, balza velocemente nell'altra zona della gabbia. In qualche modo – in questa fase dell'esperimento – la cavia avverte che la situazione è sotto il suo controllo. Ciò lo preserva dallo stress della situazione. Ora toglietegli il controllo e insegnategli che non può fare nulla per cambiare la situazione. Basta abbassare la saracinesca in modo che l'animale non possa più saltare dall'altra parte della gabbia per sottrarsi alle scosse. All'inizio l'animale tenta ancora con tutte le sue forze di saltare o cerca in tutti i modi di sottrarsi comunque alle scariche. Poi apprende l'impotenza, cioè che non si può fare nulla per cambiare la sua situazione. Dopo un po' di tempo si sdraia sul pavimento. A volte finisce per lasciarsi morire limitandosi a sussultare debolmente se ancora gli vengono somministrate delle scariche. La cosa più stupefacente dell'impotenza appresa è che quando l'animale ha imparato che non può cambiare la propria situazione in nessun modo, questo apprendimento è così radicato che continua a crederci anche quando le circostanze cambiano. Se infatti lo sperimentatore ritorna ad alzare la saracinesca come all'inizio, l'animale a questo punto non percepisce che la situazione è mutata, che può salvarsi. Non riesce a crederci. E così rimane apatico e rassegnato benché la salvezza sia lì a un passo. Inutile aggiungere che sul piano cognitivo l'impotenza appresa rappresenta l'opposto della resilienza.

La credenza che tutto sia geneticamente determinato o che le nostre capacità siano determinate dal possesso del talento funziona come una sorta di impotenza appresa: sul piano comportamentale conduce alla passività e alla rassegnazione. Ci protegge dallo sforzo di compiere una serie di attività e di porsi degli obiettivi, ma alla lunga ci danneggia perché limita il nostro campo di possibilità.

Il mondo dello sport è letteralmente impestato da questa mentalità. Pubblico e organi di informazione tendono a leggere le grandi realizzazioni sportive come effetto del possesso di grandi talenti, non di un impegno straordinario. Il perché è ovvio: attribuire il successo degli altri a doni piovuti dal cielo ci salvaguarda dal doverci impegnare a nostra volta. Nelle aziende i responsabili delle risorse umane fanno centinaia di colloqui cercando il «Talento», invece di progettare percorsi di crescita. Il «prescelto», che sia davvero talentuoso o meno, finisce comunque per crederci. E quindi, oltre a minimizzare l'impegno che profonde, abituato a considerarsi «speciale», alla prima occasione emigra verso nuovi lidi. Sono inconsapevolmente imbevute di questa mentalità fatalista perfino intere Federazioni sportive, che si affannano per varare patetici «Progetti Talento» invece di creare programmi che aiutino i propri atleti a focalizzarsi sull'impegno.

La realtà è profondamente diversa: quando spiegano le loro performance gli stessi autori di grandi prestazioni sportive non fanno quasi mai riferimento a propensioni naturali o ad abilità innate. Quasi tutti mettono l'accento sull'impegno e la dedizione all'allenamento.* Ciò è conforme a quanto scoperto nei primi anni Novanta da Anders Ericsson e dalla sua équipe di ricercatori.** Ericsson ha dimostrato che le grandi prestazioni in qualsiasi campo, dalla musica agli scacchi, dallo sport all'arte e alla letteratura, sono frutto in maniera preponderante dell'esercizio e della preparazione piuttosto che di capacità innate. E che le potenzialità per trasformarsi in successo concreto non possono prescindere dall'impegno e dalla dedizione. Le sue acquisizioni sono oggi note con il nome di «regola delle diecimila ore». Vediamo di cosa si tratta: Ericsson e colleghi cominciarono i loro studi osservando i violinisti che studiavano al Conservatorio di Berlino. Con l'aiuto dei docenti divisero gli studenti in tre gruppi secondo le loro performance: per primi individuarono quelli che avevano raggiunto l'apice della prestazione musicale e che promettevano una brillantissima carriera internazionale come solisti. Poi identificarono un gruppo intermedio, quelli ritenuti «bravi» sebbene non all'altezza dei primi. Il terzo gruppo era composto da coloro che non avevano raggiunto un li-

* D. Hemery, *Sporting Excellence: What Makes a Champion*, NY, Wiley, 1991; T. Orlick, J. Partington, *Mental Links to Excellence*, in *The Sport Psychologist*, 2, 1988, pp. 105-130.

** K. Anders Ericsson et al., *The Role of Deliberate Practice in the Acquisition of Expert Performance*, in *Psychological Review*, 100, 1993.

vello tale da permettere loro di vivere come artisti; costoro potevano al massimo aspirare all'insegnamento nelle scuole. Normalmente questo quadro sarebbe letto in chiave di disposizioni innate: i primi erano dei veri talenti, gli ultimi sarebbero stati definiti «meno portati verso la musica». Il team di ricercatori invece procedette in un altro modo: ricostruì le ore di esercizio intenzionale che era stato svolto nel corso degli anni dai componenti dei tre gruppi. I risultati furono strabilianti: tutti avevano iniziato a suonare il violino alla stessa età, cinque anni. Partiti tutti con un livello di pratica di due-tre ore settimanali, i violinisti si erano differenziati sotto quest'aspetto con il passare degli anni. Alla fine – all'età di vent'anni – gli allievi del primo gruppo avevano alle spalle diecimila ore di esercizio, quelli intermedi ottomila e i più scarsi solo quattromila. Non c'era un solo violinista di vertice che – per quanto lo si volesse definire «dotato» – non fosse passato attraverso le diecimila ore di pratica per raggiungere il suo livello di performance. Da allora – era il 1993 – sono stati compiuti moltissimi studi sulle prestazioni di eccellenza in tutti i campi dell'attività umana e tutti, nessuno escluso, hanno confermato l'intuizione pionieristica di Ericsson: le performance di vertice hanno in comune la stessa struttura. Tutte richiedono una quantità di impegno individuale, sotto forma di esercizio intenzionale, riassumibile a grandi linee in almeno diecimila ore di allenamento. Questo è valido che siate pattinatori, pianisti o programmatori di computer. La regola delle diecimila ore è stata applicata persino alla biografia di personaggi universalmente riconosciuti come dei geni, vale a dire dotati di capacità naturali superiori: la carriera di uno di questi – il genio per antonomasia – Wolfang Amedeus Mozart, è stata analizzata dallo psicologo Michael Howe nel libro *Anatomia del genio*. Ebbene, secondo Howe la composizione in cui Mozart dimostra per la prima volta in maniera indubitabile il suo «genio» è il concerto n° 9 K 271. Quando lo scrive, Mozart si stava dedicando alla composizione già da dieci anni, impegnandosi certamente più di tre ore al giorno: dunque aveva già passato largamente le diecimila ore di esercizio.*

È importante tuttavia sottolineare un aspetto centrale del modello di Ericsson. Le «diecimila ore» non si basano su una forma di esercizio qualsiasi. Ericsson parla esplicitamente di «pratica intenzionale». Per esempio, è molto comune nel mondo sportivo vedere atleti che si allenano in modo adempitivo, cioè come se stessero svolgendo un compitino obbligato. Ci sono atleti, anche professionisti o di altissimo livello, che in allenamento non riescono mai a raggiungere certi livelli di intensità perché si proteggono più o meno inconsapevolmente dallo sperimentare gradi estremi di fatica. Forme differenti dello stesso fenomeno sono facilmente osservabili sia nel mondo aziendale sia in quello scolastico. «Come il semplice fatto di vivere in una caverna non ti rende un geologo» spiega lo stesso Ericsson, «così non tutte le pratiche ti rendono davvero perfetto. Per sviluppare padronanza in una prestazione, hai bisogno di un particolare tipo di pratica: la pratica intenzionale. Perlopiù le persone quando si esercitano si focalizzano su quello che sanno già fare. La pratica intenzionale è differente. Essa richiede un considerevole, specifico e continuo sforzo per fare qualcosa che non sai fare bene, o addirittu-

* M.J. Howe, *Anatomia del genio. Einstein, Darwin, Dickens e gli altri*, Il Saggiatore, 2003.

ra non sai fare per nulla».* Non solo, quindi, non esistono grandi realizzazioni che prescindono da una lunga preparazione e un esercizio costante. Ma il semplice esercitarsi non basta: il lavoro per essere efficace deve richiedere tutto l'impegno possibile. Questa è una grande sfida per allenatori e manager. Su cosa possiamo fare leva per ottenere un simile stato di cose? Partiamo con la nostra analisi dalle risposte sbagliate.

2.2. Il modello dell'asino e la favola dei motivatori

Trenta monaci e il loro abate non possono far ragliare un asino contro la sua volontà.

Miguel de Cervantes

La sveglia suona nel cuore della notte. È ancora buio fuori, specialmente ora che è inverno. Anche se l'oscurità non permette di vedere quasi niente si sente il ticchettio della pioggia. La donna si veste rapidamente, sbircia nella stanza dei bambini e controlla che tutto sia a posto. Poi si allaccia le scarpe ed esce. Comincia a correre sotto la pioggia. L'aspettano trenta chilometri di allenamento e alle nove dovrà presentarsi al lavoro. Come lei, sparsi per il paese, ce ne sono altri che si allenano in quest'alba livida. Sono tutti professionisti, ma solo dal punto di vista dell'impegno e della dedizione che mettono nella pratica. Con il

* K. Anders Ericsson et al., *The Making of an Expert*, Harvard Business Publishing, 2007.

professionismo inteso come visibilità e guadagni non c'entrano praticamente nulla. Sono gli atleti della Squadra nazionale italiana di ultramaratona. Si tratta di persone straordinarie, e considero un onore poter lavorare con loro. La squadra è divisa in tre discipline, tutte accomunate, come indica il nome stesso, dal fatto di correre su distanze più lunghe dei 42 chilometri e 195 metri della maratona.

Ci sono gli specialisti della «100 chilometri» su asfalto. Il record italiano della specialità appartiene in campo maschile a Mario Ardemagni ed è di poco più di sei ore (6h 18′ 24″), e a Monica Casiraghi (7h 28′ 00) in quello femminile. Il record mondiale appartiene al giapponese Takahiro Sunada con il tempo di 6h 13′ 33″.

La seconda disciplina del trittico è la «24 ore»: le gare si disputano su circuiti circolari che vanno dai 400 metri delle piste di atletica fino a percorsi di qualche chilometro. Al «via» i concorrenti partono e hanno ventiquattro ore di tempo per inanellare quanti più chilometri possibile. Durante la gara i concorrenti possono teoricamente anche fermarsi. Per mangiare, per dormire e ovviamente anche per bisogni fisiologici. In realtà non lo fanno quasi mai. Continuano a correre ininterrottamente. Il record italiano appartiene a Ivan Cudin: 263 chilometri e 841 metri in 24 ore! Quello femminile italiano sempre all'incredibile Monica Casiraghi (231,390 km). Il record mondiale appartiene al greco Yannis Kouros: 303,506 chilometri in 24 ore.

100 km su strada	**24 ore**
· Record italiano M – Mario Ardemagni 6h18.24 (nel 2004) · Record italiano F – Monica Casiraghi 7h28.00 (nel 2003)	· Miglior prestazione italiana M – Ivan Cudin 263,841 km su strada (nel 2010) · Miglior prestazione italiana F – Monica Casiraghi 231,390 km su strada (nel 2010)
· Record mondiale M – Takahiro Sunada (JPN) 6h13.33 (nel 1998) · Record mondiale F – Tomoe Abe (JPN) 6h33.11 (nel 2000)	· Miglior prestazione mondiale M – Yiannis Kouros (GRE) 303,506 km su pista (nel 1997) · Miglior prestazione mondiale F – Mami Kudo (JPN) 254,425 km su pista (nel 2009)

Infine, ultima in ordine di apparizione ma non meno importante, è l'Ultratrail: si tratta di gare di corsa su distanze superiori a quelle della maratona (si arriva sino ai 330 chilometri del Tor des Géants di cui parleremo oltre), ma sempre in ambiente naturale, montano o collinare, e con forti dislivelli. In tutte e tre le discipline la Nazionale italiana si è sempre distinta a livello mondiale. Specialmente in campo femminile, dove negli ultimi anni ha conseguito la medaglia d'argento a squadre in tutte e tre le discipline e dietro a nazioni differenti (Giappone per la 24 ore, Gran Bretagna per la 100 chilometri, Francia per l'Ultratrail), sicché, se esistesse la combinata delle tre specialità, le donne italiane sarebbero le più forti del pianeta.

Gli ultramaratoneti sono una delle tante dimostrazioni del fatto che si possono esprimere altissimi livelli di impegno senza bisogno di spinte o ricompense esterne, facendo leva solo sulla propria passione. Questi atleti primeggiano in discipline durissime, dove la fatica è un mostro che ti assale e ti fa lentamente a brani, dove si vive un confronto continuo con il dolore: dolore da infiammazioni, dolore da traumi ripetuti, dolore da distruzione muscolare. I risultati internazionali attestano il livello assoluto delle prestazioni di questi atleti. Cronometro alla mano, i loro tempi dimostrano che non abbiamo di fronte dilettanti evoluti, ma professionisti non retribuiti. Eppure, essendo le loro discipline non-olimpiche o comunque poco conosciute, vengono snobbati dalle federazioni sportive e dallo sport ufficiale. Forse conta anche il fastidio che questi risultati danno a federazioni con atleti stipendiati dai gruppi sportivi militari che pure non vincono mai niente. Di fatto gli ultramaratoneti non hanno accesso ai gruppi sportivi militari, quelli che ti danno uno stipendio per poterti allenare. E fino a qualche anno fa, quando partecipavano alle trasferte internazionali si pagavano il viaggio di tasca propria. Eppure una passione enorme li spinge: e non solo loro, ma anche tutti i tecnici e dirigenti che seguono la squadra. Tutti collaborano a titolo gratuito, percependo al massimo dei rimborsi spese.

Le spinte interiori durano a lungo, abbattono ostacoli, possono trascinare le persone verso mete remote. Se la spinta invece proviene dall'esterno sarà fiacca, propensa a fermarsi alla prima difficoltà, incapace di portare lontano.

Gli psicologi distinguono tra *motivazioni intrinseche*, quelle che vengono da dentro, e *motivazioni estrinseche*, legate a fattori esterni. Usando un linguaggio meno oscuro potremmo parlare di «automotivazione» nel primo caso, e di motivazioni provenienti dall'esterno nel secondo. Come ho detto, viviamo in un contesto culturale che, nella realizzazione di qualsiasi obiettivo, ci porta a sopravvalutare l'apporto dei fattori esterni piuttosto che le spinte interiori. Secondo questa visione la motivazione a conseguire un obiettivo non proviene prima di tutto dall'interno. Essa giunge sempre da un altrove, fuori da te stesso.

Questo «altrove fuori da te stesso» può assumere molte forme a seconda di quale leggenda motivazionale si vuole scegliere. Una delle più intriganti è quella del cosiddetto «motivatore»: essa propugna l'idea che la motivazione sia qualcosa che alcuni privilegiati hanno il potere di infondere negli altri a proprio piacimento. È un idea un po' megalomane e ingenua: tratta la motivazione al pari di una scatola di iniezioni, la famosa «motivina» che qualcuno pretenderebbe di iniettare al prossimo.

Si tratta di una credenza alimentata dalla presunzione e dal narcisismo di chi si illude (o vuol far credere) di possedere tali poteri, ma smentita dalla realtà. L'immagine di una persona che grazie ai suoi discorsi, alle sue «strigliate», ai suoi incitamenti rimette in piedi atleti e team distrutti e li spinge alla vittoria è suggestiva, ma statisticamente poco frequente. Succede al cinema, questo sì: tutti si ricordano il discorso di Al Pacino nello spogliatoio in *Ogni maledetta domenica*. Durante una partita di football americano una squadra viene massacrata dagli avversari: eppure basta un discorso memorabile (veramente una pietra miliare in quanto a qualità recitativa) da parte dell'allenatore durante l'intervallo tra i due tempi della partita per far ripartire tutti con una grinta tale da rovesciare il risultato. Purtroppo cinema e mondo reale coincidono raramente.

Altolà: non sto dicendo che la motivazione interna non sia influenzata dai fattori esterni; che il potere persuasivo di una persona non ci possa condizionare, che i nostri comportamenti non siano influenzati da quelli degli altri. Ovviamente lo sono. Il punto è un altro. Un conto è sostenere (e sono il primo a farlo!) che ogni allenatore (o coach o manager) possiede una serie di strumenti per sostenere e rinforzare la motivazione dell'atleta: e si tratta di un processo che si costruisce nel tempo, in modo faticoso e attraverso una relazione che deve essere significativa. Un altro conto è credere nell'esistenza di strumenti magici, istantanei, miracolosi per manipolare le relazioni umane.

È proprio questo che non mi piace nella figura del «motivatore»: la banalità e la presunzione dell'approccio che molti di questi personaggi propongono. Spesso costoro si rifanno ad alcuni grandi coach del passato, ma in realtà ne scimmiottano solo l'aspetto esteriore, e ne diventano la caricatura. Se ad esempio Julio Velasco è un grande ispiratore, molti suoi «emuli» ne riproducono solo alcuni atteggiamenti teatrali o carismatici, non la sostanza. Credono che basti imitare gli «occhi della tigre» o l'uso della voce a 300 decibel per indurre in modo miracoloso la motivazione nei loro simili: e così tradiscono una visione offensivamente semplificata degli esseri umani, come se l'umanità consistesse in un nugolo di organismi mononeuronali, plasmabile a piacimento da qualche discorso a effetto o dal tono dei propri vocalizzi. In realtà, il segreto di Velasco stava nel rapporto con i suoi giocatori costruito in anni e anni di fiducia reciproca. Prescindere da ciò per focalizzarsi solo sugli aspetti superficiali mi pare fallimentare.

Abbandonando la pretesa di possedere strumenti magici, più modestamente dovremmo porci degli obiettivi realistici. In primis, noi possiamo evitare di azzerare la motivazione preesistente nelle persone, il che non è poco. Infatti se l'esistenza dei motivatori istantanei rimane un mito, la presenza di tanti eccellenti demotivatori è invece una realtà conclamata, nello sport come nelle organizzazioni.

Il passo successivo da compiere è quello di sostenere questa automotivazione, mettendo in atto tutta una serie di accorgimenti organizzativi di cui parleremo più avanti. Ma questo processo, lento, faticoso e rispettoso, è qualcosa di ben diverso dall'idea presuntuosa di poter instillare a piacimento la motivazione nel prossimo. È piuttosto simile al significato originario di «educare», dal latino «educere», ovvero «tirare fuori, far uscire» quello che è già dentro.

Un'altra menzogna sulla motivazione riguarda il potere dei rinforzi esterni, ovvero degli incentivi e delle punizioni. Io lo chiamo il «modello dell'asino»* perché il presupposto implicito in chi utilizza questo approccio è che gli esseri umani siano simili allo stereotipo del simpatico quadrupede, e in quanto tali pigri, restii a impegnarsi e a prendere iniziative. In altre parole, chi condivide questo modello ritiene che indolenza, demotivazione e immobilismo a oltranza rappresentino lo stato naturale dell'essere umano. Stando così le cose, per motivare le persone non rimarrebbe che il ricorso ai due sacri strumenti: il bastone e la carota, nel giusto mix. Ahimè, chi ha formulato tali teorie, non solo conosceva molto poco gli asini, ma ha anche provocato un sacco di danni.

Il «bastone», cioè l'uso costante di uno stile direttivo o addirittura autoritario non ha una grande efficacia per motivare le persone. Non lo dico per buonismo o perché sia incline al permissivismo, tutt'altro. Ma per una ragione molto semplice: troppa direttività produce esecutori, persone inette o schiavi in attesa di ordini.

D'accordo: disciplina e regole ci vogliono, sin dall'inizio. I bambini hanno bisogno di sentirsi diretti, di avere dei limiti, di percepire un po' di disciplina. Ma esclusivamente allo scopo che tutto questo venga interiorizzato: è un pas-

* Devo questa espressione a Rainer Martens, psicologo americano dello sport.

so iniziale necessario affinché domani la disciplina possa tramutarsi in autodisciplina, l'imposizione in capacità di gestirsi da soli.

Ma la direttività è anche rassicurante. Perché sottrae alla responsabilità. Usare troppo direttività, usarla troppo a lungo, fa sì che le persone alla fine ci si adattino in modo confortevole. E che quindi non crescano. Ecco perché il bisogno di direttività, di un'autorità forte e costante maschera nell'adulto un bisogno infantile di rassicurazione e deresponsabilizzazione. Il cerchio si chiude: troppa permissività o un accudimento totalizzante producono gli stessi effetti comportamentali di un'autorità schiacciante. Azzerano il senso di responsabilità. Il papà arcigno che ti sgrida o la mamma che ti corre dietro perché tu ti metta la maglia di lana sono le due facce della stessa medaglia: i due modi opposti di relazionarsi con un povero incapace. Ecco perché un atleta allevato utilizzando sistematicamente spinte esterne come sostitute della sua automotivazione sarà una persona dipendente. Mi torna in mente questa scena: un ritiro in val Senales con gli atleti della nazionale di Triathlon. Gli atleti, che hanno tra i ventidue e i trent'anni, sono in piscina e aspettano il tecnico che deve arrivare da Milano ed è in ritardo per un intoppo in autostrada. Sono tutti professionisti, anche dal punto di vista retributivo, inseriti in gruppi sportivi militari. Sarebbero l'élite, quelli che l'automotivazione dovrebbero venderla a palate. Ti aspetteresti che di fronte al contrattempo agiscano autonomamente sulla spinta della loro volontà di allenarsi, di riuscire, di arrivare. Invece niente. Stanno lì, aspettano, ne approfittano per chiacchierare, dare un'occhiata al giornale, telefonare alla fidanzata. Penso a quegli atleti amatoriali (intendo quelli che si allenano per passione senza che ciò rappresenti per loro un mestiere o una fonte di guadagno) che escono dall'ufficio quando è già buio e prima di andare a casa dalla famiglia si ritagliano mezz'ora di corsa sotto la pioggia. Da un punto di vista cronometrico magari impiegheranno due minuti al chilometro più di questi blasonati atleti nazionali, ma che differenza dal punto di vista mentale!

Chi è abituato a funzionare perché spinto dall'esterno non riesce a fare nulla quando la spinta esterna viene a cessare: quello che manca è proprio la motivazione intrinseca, che il contesto non ha provveduto a proteggere e a far crescere.

Un buon esempio della differente efficacia dei due tipi di spinte è rappresentato dall'approccio alla pratica sportiva giovanile. È uno spettacolo consueto e desolante, al giorno d'oggi, assistere al fenomeno dei genitori che «spingono» i figli. Con il termine «spingere» intendo il fatto di imporre ai propri figli una determinata pratica sportiva. Chi «spinge» i figli cerca di soddisfare i propri bisogni, non i loro. Questi genitori appartengono a quella schiera di adulti–bambini insoddisfatti e aggressivi molto diffusa nella nostra società. Costoro sfruttano i propri figli per ottenere delle gratificazioni narcisistiche: il «figlio campione» rappresenta, infatti, il riscatto da tante frustrazioni e la prova tangibile della propria superiorità sul resto di questo mondo disprezzabile. Il genitore che cerca visibilità sociale, attenzione e lustro attraverso lo sport dei propri rampolli, non solo è un poveraccio in senso esistenziale, ma risulta pure masochista poiché, non permettendo ai propri figli di sviluppare una motivazione indipendente, li condanna a una perpetua fragilità in campo sportivo e non solo. L'automotivazione rappresenta infatti l'unica garanzia per non fermarsi alla prima difficoltà, ai primi intoppi, all'insorgere della fatica, del disagio, dei primi dolori. L'atleta che è spinto dalla motivazione altrui sarà magari un ottimo esecutore, ma non sarà mai resiliente. Va avanti chi ha la spinta dentro, non quello rimorchiato dal papà. Ecco spiegato il paradosso del «se volete il figlio campione dovete smettere di spingerlo e insegnarli a mandarsi avanti da solo». In altre parole, un genitore «appagato», privo cioè del bisogno di cercare conferme nello sport dei figli, ha più probabilità di trovarsi il campione in casa.

Per verificare queste affermazioni sono andato a intervistare alcuni atleti vincitori di medaglie olimpiche in una disciplina molto dura e selettiva, lo sci nordico. «Ho cominciato a sciare a sei anni» racconta Silvio Fauner, vincitore di una medaglia d'oro, due argenti e due bronzi olimpici «avendo come traino il mio fratello maggiore di tre anni che sciava già: ma non sono stato né spronato, né spinto da nessuno. Ho iniziato, la cosa ha cominciato a piacermi e l'ho fatto per gioco: era il modo di allora, quando c'erano molti meno svaghi, di divertirsi nella neve dopo la scuola, di stare con gli amici. Ma non sono stato costretto dai miei genitori: tant'è che mio padre e mia madre hanno cominciato a seguire le mie gare fuori paese solo quando avevo ormai diciassette-diciotto anni.»

«Ho cominciato a sciare perché lo facevano i miei amici: ma ho cominciato 'tardi' rispetto a loro (avevo dieci anni) e mi sono trovata indietro» racconta Sabina Valbusa, vincitrice di un bronzo olimpico e di due medaglie ai campionati mondiali. «A livello tecnico mi sentivo molto più scarsa e tutto questo mi ha portato a vivere dei momenti di sconforto, come quando la mia migliore amica vinceva le gare e io arrivavo tra le ultime: ma tutto ciò non mi ha certo demoralizzato, anzi è stata la molla che mi ha portato a impegnarmi di più. Questo sentirmi 'carente' mi ha aiutato ad avere più motivazione e a superare indenne l'età dell'adolescenza che è, a mio parere, l'età critica degli abbandoni della pratica sportiva.»

Da questi due racconti si nota chiaramente come l'automotivazione si leghi al piacere di sentirsi competenti e al gioco, al divertimento. In realtà tutti questi fattori formano un triangolo ai cui vertici stanno piacere e divertimento, senso di competenza e impegno: sentirsi capaci produce piacere e divertimento, e questo spinge a impegnarsi. L'impegno fa diventare ancora più capaci e competenti e così via in un circolo virtuoso. Lo vedremo dettagliatamente nel prossimo capitolo.

Nel caso di Cristian Zorzi, tre medaglie olimpiche di cui una d'oro a Torino 2006 e il titolo di campione del mondo 2007 a Sapporo, i genitori hanno avuto un ruolo fondamentale nei confronti della motivazione, ma non perché abbiano spinto il figlio a fare sci di fondo. «Prima di approdare agli sci stretti avevo già provato praticamente tutte le discipline invernali, dalla discesa al salto all'hockey» racconta Cristian, «ma il motivo per cui mi sono impegnato nella pratica del fondo è stata la separazione dei miei genitori, quando avevo quattordici anni. Questo evento mi ha precipitato nell'insicurezza. Il fondo mi riusciva bene e ho pensato che di quello si poteva vivere. Mi ha dato una prospettiva che mi permetteva di superare il senso di insicurezza. Per questo mi sono impegnato al massimo.»

Leggermente diversa la storia di Pietro Piller Cottrer, quattro medaglie olimpiche di cui una d'oro e campione del mondo nel 2005. Qui non si può negare che uno dei genitori abbia avuto un atteggiamento «direttivo», ma limitato al momento iniziale. È un esempio molto interessante:

il genitore è autoritario solo nella decisione iniziale. Poi però lascia il figlio libero di appassionarsi.

Del resto l'autodisciplina non è altro che disciplina interiorizzata. Se il genitore non ha mai esercitato un intervento per porre dei limiti, in seguito il bambino non imparerà da solo a regolarsi. I bambini allevati a suon di «Tu cosa vorresti? Cosa ti va bene? Cosa ti piace?», che non si confrontano mai con un limite, crescono insicuri, carenti di autoregolazione, ansiosi.

«C'è stato un episodio legato a mio padre che considero la chiave di volta della mia carriera agonistica» racconta Pietro. «Avevo sette-otto anni e facevo discesa, e mio papà fece la scelta di togliermi di lì e mandarmi a fare fondo, che in quel momento a me non piaceva. Io ho pianto. Oggi come oggi non smetterò mai di ringraziarlo. Mio papà aveva capito cosa era più adatto alle mie caratteristiche e ha agito bene: oggi tendiamo a rinunciare a indirizzare i figli, ma un bambino non può sapere cosa va meglio per lui. I ragazzini ci mettono in un certo senso 'alla prova', e lasciati a sé tenderebbero a fare solo quello che piace loro in senso immediato. Il rischio è quello di crescere una generazione di 'smidollati' che si fermano alla prima difficoltà. Preso nel nuovo ambiente mi sono trovato bene, ho trovato molti amici e di lì 'sono partito'. Sostanzialmente l'intervento di mio padre è servito da 'avvio', ma poi sono andato avanti da solo perché il fondo mi ha appassionato in modo totalizzante e continua a farlo anche adesso.»

Il genitore pressante combina invece un mucchio di disastri: statisticamente i campioni con alle spalle il genitore che li ha «spinti» rappresentano una piccola eccezione rispetto alla maggioranza dei potenziali campioni bruciati dai genitori troppo «presenti». Ricordiamo facilmente i (pochi) casi di genitore-demiurgo del campione, in quanto sono gli unici che vediamo: non vediamo le legioni di sportivi mancati, quelli che non ce l'hanno fatta.

Tuttavia, attenzione: il genitore «appagato» non è quello assente o che si disinteressa: c'è una differenza sottile, ma fondamentale. Sta nel fatto che il genitore equilibrato c'è, partecipa emotivamente, ma poi lascia liberi i figli di appassionarsi in quello che fanno.

2.3. La leggenda degli incentivi

Si cercano uomini per viaggio pericoloso, paga minima, freddo tremendo, lunghi mesi di completa oscurità, rischio costante, ritorno in dubbio, onore e riconoscimenti in caso di successo.

Annuncio pubblicato nel 1914 dall'esploratore britannico Ernest Shackleton per effettuare la traversata a piedi dell'Antartico

Furono in cinquemila a rispondere all'annuncio di Shackleton (e ne vennero selezionati ventisette). Eppure la paga era davvero bassa e i rischi enormi. Non è vero che senza incentivi le persone non trovano motivazioni. Oggi il ricorso indiscriminato alla carota in foggia di bonus, premio di produzione, stock options e ricompense a vario titolo affligge il mondo delle aziende così come quello sportivo. E i risultati sono desolanti. L'incentivo funziona limitatamente ad alcune circostanze, e non è sempre detto. Nello sport, il mondo del calcio ne è la riprova: se la motivazione crescesse al pari degli incentivi economici, come si potrebbero spiegare la passività e la rassegnazione con cui la nostra rappresentativa nazionale si è fatta buttare fuori dai mondiali del 2010? Come può accadere che una squadra di sconosciuti semi-dilettanti fra cui un giardiniere e un elettricista in ferie (la Nuova Zelanda) ridicolizzi una compagine di professionisti milionari (l'Italia)?

In realtà Edward Deci nei primissimi anni Settanta aveva messo in guardia il mondo accademico circa i pericoli degli incentivi intesi come la soluzione di tutti i problemi motivazionali.* Deci, insieme al collega Richard Ryan, è stato uno dei massimi teorici della motivazione intrinseca. Per mezzo di alcuni esperimenti di psicologia sociale, alcuni dei quali anche divertenti, egli dimostrò che gli incentivi funzionano come motivatori solo a certe condizioni. In un esperimento, per esempio, alcuni soggetti venivano accompagnati in una stanza dove veniva loro chiesto di creare delle figure geometriche con una sorta di lego. Un gruppo riceveva un incentivo per ogni figura realizzata, un altro giocava senza alcuna ricompensa. Non visti, gli sperimentatori raccoglievano dati e misuravano il tempo trascorso dai giocatori impegnati nell'attività. Entrambi i gruppi ebbero più sessioni di gioco in giorni diversi. Deci notò che il gruppo incentivato, quando a sorpresa in una seduta l'erogazione dell'incentivo venne interrotta, tendeva a impegnarsi per un tempo di gran lunga minore degli altri. Deci concluse che gli incentivi possono motivare solo a breve termine e, se cessano, possono avere effetti controprodu-

* Edward L. Deci, *Effects of Externally Mediated Rewards on Intrinsic Motivation*, in *Journal of Personality and Social Psychology*, 18, 1971.

centi sulla motivazione. Invece, quando i soggetti si appassionano all'attività, si impegnano in assenza di incentivi per tempi stabilmente più lunghi.

Inoltre, l'uso di ricompense ottiene un miglioramento della prestazione solo in certi tipi di compiti, mentre la peggiora in altri. Tendenzialmente gli incentivi alzano la prestazione in compiti di routine, dove esiste un protocollo consolidato e le cose sono altamente prevedibili. Ma si rivelano addirittura contrari quando si ha a che fare con compiti creativi. La ricompensa infatti restringe il campo di attenzione della persona, che comincia a ragionare a breve termine cercando una soluzione rapida. L'incentivo forse funzionava meglio nel vecchio mondo del lavoro, dove le persone dovevano svolgere delle mansioni in un ambiente fortemente prescrittivo. Lo chiamo il «modello del raccoglitore di pomodori»: un tipo di attività di routine, molto ben definita, dove non viene richiesta nessuna capacità decisionale o di autogestione. Raccogli quante più cassette è possibile e via! Oggi queste tipologie di attività vanno scomparendo: il mondo del lavoro è sempre più complesso e privo di soluzioni collaudate. Non è più possibile avere un mansionario universale che prescriva tutti i comportamenti giusti per ogni ruolo. Una certa dose di autonomia decisionale viene richiesta. Questo vale anche per il mondo sportivo.

Per esempio (lo vedremo meglio in un capitolo successivo), nelle spedizioni alpinistiche finalizzate ai record, dove le risorse sono sempre limitate in rapporto alle reali necessità, non si può essere troppo prescrittivi. Il capo spedizione non può permettersi di usare uno stile di leadership autoritario ed esageratamente direttivo, pena il mancato raggiungimento degli obiettivi. Non può più permettersi di dire: «Fai questo, fai quello, metti la tenda a 8200 metri poi spostala più in basso». Non può farlo perché spesso non ha tutte le informazioni in mano. La miglior decisione su dove vada piazzato un campo spesso può assumerla solo l'alpinista che è lì sul luogo e vede le condizioni reali della montagna; il coordinatore al campo base ha più difficoltà perché non è lì. E non può nemmeno imporre le sue decisioni perché le risorse sono troppo limitate, e vanno tutelate non solo come sicurezza personale, ma anche come patrimonio di energie che concorrono alla causa. Legare un incentivo alla prestazione può essere sensato nel caso del raccoglitore di pomodori che è pagato per ogni cassetta che accumula. Ma nel caso dell'alpinista potrebbe essere pericoloso, potrebbe fargli prendere decisioni sbagliate o affrettate con conseguenze catastrofiche.

Inoltre le ricompense diventano controproducenti quando vengono percepite da chi le riceve come perdita di una parte della propria autonomia. La possibilità di autonomia, come vedremo oltre, è uno dei fattori chiave nella motivazione intrinseca. Daniel Pink definisce questo fenomeno «effetto Sawyer».* Il nome deriva da un passo del celebre libro di Mark Twain, *Le avventure di Tom Sawyer*, dove Twain descrive il comportamento di alcuni ricchi signorotti inglesi: «Ci sono ricchi signori in Inghilterra che guidano carrozze con quattro cavalli per trenta o quaranta chilometri ogni giorno in estate perché un simile privilegio costa loro molto denaro. Ma se venisse offerto loro un compenso per questo servizio ciò diventerebbe un lavoro e cesserebbero di farlo». L'effetto Sawyer ci dice che la motivazione

* D.H. Pink, *Drive: the Surprising Truth About What Motivates Us*, Riverhead Books, 2009.

intrinseca può essere azzerata da rinforzi estrinseci, soprattutto se il soggetto percepisce la circostanza come una perdita della propria autonomia. Non è un po' quello che succede con tanti sportivi quando diventano professionisti, per esempio quando entrano a far parte di un gruppo sportivo militare? Si dice che questi atleti, una volta entrati nel professionismo, si «siedono». Forse oggi capiamo meglio il perché. Il «fuoco dentro» che li spingeva, la motivazione intrinseca, si spegne quando la persona non percepisce più il suo impegno come frutto di una libera scelta. L'impegno, se monetizzato, perde valore. In effetti, quante persone impegnate nel volontariato continuerebbero l'attività se questa fosse ricompensata con una diaria? Varrebbe la pena fare tanti sacrifici se lo scopo diventano i soldi?

È un peccato che le teorie di Deci e Ryan non siano state considerate come meritavano dal mondo delle organizzazioni e da quello sportivo. Eppure il tipo di economia che si prefigura per il futuro propende per modelli di lavoro sempre più svincolati dalle ricompense economiche e sempre più attenti a gratificare le motivazioni intrinseche dei lavoratori. Ne sono un esempio folgorante i software open source. Oppure pensiamo a Wikipedia, l'enciclopedia che conta 13 milioni di voci in 260 lingue, realizzata totalmente con contributi non retribuiti.

Gli ultramaratoneti che abbiamo conosciuto in questo capitolo non sono un caso isolato. In tanti contesti ci si impegna allo spasimo senza nessuna prospettiva concreta di visibilità o gratificazioni economiche. Non possiamo capire tutti questi fenomeni se non dismettiamo l'idea che la motivazione sia indotta dagli altri o che provenga dagli incentivi o dalle minacce esterne. La motivazione viene da dentro. Queste persone sono automotivate. La spinta che le muove si è formata negli anni, è stata costruita lentamente e faticosamente. Non è frutto di una tecnica di persuasione, o di un concitato discorso estemporaneo, come presuntuosamente qualcuno vuole pensare. Nemmeno è frutto del luccicare dei soldi intravisti in fondo alla borsa o della promessa di uscire finalmente dall'anonimato...

Fatte queste premesse, è giunto il momento di incontrare l'automotivazione.

Punti chiave

- **Il primo grande demotivatore è il mito del talento, sempre più diffuso nella nostra società. Credere ciecamente che il nostro destino sia determinato dalle predisposizioni naturali o dai geni conduce alla passività e alla rassegnazione. Un uso troppo semplicistico e distorto della genetica contribuisce a rinforzare questa mentalità.**

- **Le grandi realizzazioni in qualsiasi campo (artistico, sportivo, lavorativo, accademico) sono spiegabili solo molto parzialmente con il concetto di «talento»; è l'impegno il fattore decisivo come documenta la «legge delle diecimila ore» formulata da Anders Ericsson.**

- **Un'altra leggenda che appesta il mondo sportivo – e non solo – è quella del «motivatore magico». È vero: gli altri influenzano la nostra motivazione con i loro comportamenti e i loro atteggiamenti. Ma non si tratta di un processo magico come vorrebbero far credere taluni, quasi la motivazione fosse una sostanza che costoro possono iniettare a piacimento nel prossimo. Noi influenziamo gli altri attraverso la relazione, un processo che si costruisce faticosamente nel tempo. Gli allenatori e i coach lo sanno bene. I guru dell'«instant motivation»** invece sono ridicoli e nascondono sotto un velo di narcisismo il loro vuoto pneumatico.

- Chi usa «il bastone» – direttività e autoritarismo – per «motivare» il prossimo plasmerà solo degli automi in attesa di ordini quando lui è presente; e persone incapaci di autoregolarsi quando lui non c'è. L'autodisciplina, tuttavia, è disciplina interiorizzata. In certi casi un po' di direttività non guasta, soprattutto con i giovani. Lasciar crescere i bambini solo all'insegna del «Cosa vorresti fare oggi? Cosa vorresti mangiare?...» è abbastanza pericoloso.

- La leggenda degli incentivi danneggia gravemente la motivazione. Gli incentivi funzionano come motivatori solo a breve termine, e solo se l'obiettivo da realizzare non è troppo costoso in termini di fatica e disagio personale. Inoltre, compiere delle attività non perché lo si è liberamente scelto, ma perché viene erogato un incentivo, viene vissuto dalla maggior parte degli esseri umani come una perdita della propria autonomia («Effetto Tom Sawyer»). E quindi l'incentivo produce a lungo termine un paradossale effetto demotivante.

Capitolo 3

Automotivazione: cos'è, da dove viene, come funziona

3.1. Le basi evoluzionistiche del piacere di «farcela»

Ciò che considero di maggior valore è stato dovermela cavare da solo.
Piero Angela

La motivazione intrinseca o automotivazione, legata al piacere di sentirsi capaci, ha una base biologica profonda. Da essa dipende la nostra sopravvivenza come animali non specializzati che nascono con un cervello incompiuto. Questo tipo di spinta motivazionale genera più impegno di qualsiasi altra motivazione basata su rinforzi esterni (autorità, sanzioni, incentivi). Nel mondo naturale non sono solo gli ultramaratoneti a impegnarsi in assenza di gratificazioni immediate o di spinte esterne. Anzi, in natura quello che giudichiamo come un comportamento illogico rappresenta spesso la norma. Sì, avete letto bene: anche gli animali possono impegnarsi pur in assenza di incentivi diretti e senza essere spinti dall'urgenza di un bisogno immediato. Proprio così. Al pari di un uomo che scala una montagna senza essere mosso da una ricompensa, o dall'ordine di qualcuno, ma solo per il piacere di verificare i propri limiti: così anche negli animali sono presenti comportamenti ludici ed esplorativi.

Da un punto di vista biologico, questi comportamenti appaiono a una prima analisi come insensati: infatti non presentano un'immediata utilità per la sopravvivenza pur richiedendo un forte dispendio energetico. Giocare ed esplorare l'ambiente è infatti metabolicamente costoso: e sappiamo che il risparmio dell'energia rappresenta una priorità assoluta nel mondo animale. Fu solo negli anni Cinquanta che alcune scoperte cominciarono a rendere conto di questo fenomeno apparentemente inspiegabile. La profonda convinzione di biologi ed etologi che gli animali fossero mossi esclusivamente da spinte legate a bisogni primari come sfamarsi o rifuggire il dolore, crollò. Berlyne, per primo, dimostrò che i ratti possono esplorare un determinato ambiente anche se sono stati sfamati e dissetati, se tale ambiente appare loro completamente nuovo. Harlow invece scoprì che le scimmie Rhesus sono capaci di impegnarsi per lunghi periodi in compiti complessi se come ricompensa si dà loro la possibilità di manipolare oggetti nuovi e interessanti. Le scimmie studiate da Butler e Alexander, invece, erano disposte a imparare a distinguere con precisione determinate figure se premiate semplicemente con la possibilità di guardare fuori da una finestra che dava su una stanza piena di oggetti in movimento.

In altre parole, si constatava che la spinta a esplorare l'ambiente e se stessi rappresenta una forte motivazione indipendente non solo nell'uomo, ma anche negli animali.

E dunque anche gli animali possono essere mossi dalle motivazioni intrinseche.

Facciamo un piccolo ripasso su cosa sono le motivazioni intrinseche. Quando facciamo qualcosa per passione, perché proviamo piacere nel farlo, indipendentemente da ricompense o da un'approvazione esterna, siamo di fronte alla motivazione intrinseca. Possiamo allenarci a correre per avere un aspetto migliore o per cercare nell'agonismo una sorta di status: e questa è una motivazione estrinseca. Ma ci sono sempre più persone che corrono perché amano farlo, perché vogliono scoprire i propri limiti, perché amano sentirsi «capaci», a prescindere dalla classifica o dai premi: e questa è una motivazione intrinseca.

Ovviamente questa distinzione così rigida è artificiosa: nella vita siamo sempre mossi da una mescolanza di entrambe le tipologie, anche se possiamo quasi sempre distinguerne una prevalente. Fino alle ricerche compiute negli anni Cinquanta del secolo scorso, era noto a tutti che un animale potesse essere motivato da rinforzi esterni, cioè estrinsecamente. Prendete un biscotto e offritelo al vostro cane ogni volta che produce un certo comportamento: vedrete che in breve il cane sarà sempre più motivato a esprimere quell'azione. Tuttavia, che un cane potesse essere mosso dal piacere di esplorare a prescindere dal biscotto all'inizio dovette sembrare una cosa inconcepibile: gioco ed esplorazione sono considerati «comportamenti inutili» perfino tra gli esseri umani («conquistatori dell'inutile» è una celebre definizione degli alpinisti formulata da Lionel Terray), figuriamoci negli animali!

In realtà questi comportamenti non hanno nulla di inutile. Alla lunga offrono dei vantaggi biologici agli animali come agli uomini; in caso contrario l'evoluzione li avrebbe soppressi, invece di radicarli e diffonderli in molte specie. Le cose stanno proprio in questi termini: il gioco e l'esplorazione dell'ambiente costano assai in termini metabolici; però ricompensano l'animale con un vantaggio molto più grande ai fini della sopravvivenza: negli animali superiori permettono un adattamento più efficace all'ambiente circostante, sia in termini cerebrali che comportamentali.

Per essere più precisi, visto che la locuzione «animali superiori» è ambigua e condizionata dal nostro punto di vista umano, cambiamo termini: diciamo che si tratta di fenomeni tipici delle cosiddette specie colonizzatrici, quelle in grado di adattarsi facilmente a nuovi ambienti: per esempio ratti, colombi e, naturalmente, umani. Non tutti gli animali infatti amano esplorare l'ambiente o i propri limiti.

Vediamo il caso di chi non esprime comportamenti esplorativi: in genere si tratta di animali molto specializzati, ovvero quelli che nascono già in possesso di una serie di comportamenti definiti. Appena nati, spesso sanno già provvedere autonomamente alla propria sopravvivenza, riconoscere le minacce presenti nell'ambiente e spostarsi di qui e di là. Sono capaci di compiere perfettamente azioni importanti per la sopravvivenza al primo tentativo. Questa condizione è frequente tra gli insetti, che presentano una vita troppo breve per imparare.

Se compiliamo la graduatoria degli animali più precocemente competenti, l'uomo fa la figura dell'imbranato cosmico. Il cucciolo d'uomo impiega più di una decina di anni a diventare autonomo: anzi, a dire il vero, nella società attuale questo lasso di tempo spesso si triplica.

La precocità nel diventare autonomi presenta da un punto di vista evolutivo molti vantaggi ma anche un grosso svantaggio: comportamenti innati vogliono dire connessioni cerebrali rigide e pre-formate. I comportamenti innati sono legati inesorabilmente all'ambiente specifico. Se l'ambiente muta, quei comportamenti diventano improvvisamente inefficaci. E chi aveva solo quelli a disposizione – e non ne può imparare altri – è condannato. E infatti, il cervello degli iper-specializzati, già consolidato in forma definitiva, non permette nuovi apprendimenti.

I non specializzati, viceversa, si adattano a qualsiasi ambiente. Lo svantaggio è quello di nascere con un cervello incompiuto: e di dover dedicare una parte consistente della propria vita a impegnarsi per apprendere nuove capacità specifiche. E poiché apprendere e sviluppare nuove capacità è centrale per la sopravvivenza degli animali non-specializzati, Madre Natura ha fatto sì che diventasse fonte di grande piacere.

Quando sentiamo il desiderio di metterci alla prova, di testare i nostri limiti, e proviamo soddisfazione nel sentirci capaci, stiamo assecondando una profonda spinta biologica. La motivazione, basata sul senso di competenza (o di autoefficacia), è molto più forte e duratura di qualsiasi spinta generata dalla manipolazione, o dai rinforzi esterni.

È un peccato che la nostra società sia strutturata per far leva soprattutto sulle seconde invece che sulle prime.

3.2. La sindrome di Ulisse

I piedi sono congelati, il vento aspira ogni stilla di calore dai muscoli e dalle giunture, e io sento che non potrò mai più riuscire a scaldarmi per il resto della mia vita. Vorrei rimanere qui, rinchiuso nella tenda, ma poi quella voce mi ordina. «Vai fuori, vai fuori e provaci».
D. Hempleman-Adams, *Polo Nord*

Considerate la vostra semenza:
fatti non foste a viver come bruti,
ma per seguir virtute e canoscenza.
Dante, *Inferno*, Canto XXVI

Facendo leva sul senso di competenza, sul piacere di farcela, possiamo ottenere dalle persone un impegno straordinario. Chi è mosso dalla motivazione intrinseca è più resiliente. La sua spinta motivazionale non viene demolita dalle difficoltà, come invece succede comunemente a chi è mosso da rinforzi esterni. Essa infatti trasforma gli ostacoli in sfide.

Non esiste in natura alcun animale che dedichi tanto tempo a giocare, ad apprendere e a esplorare se stesso e l'ambiente come l'uomo. Il suo cervello è nettamente differente da quello del resto del mondo animale. Non si tratta solo di una questione di dimensioni, di peso e di volume. Come abbiamo visto, la peculiarità del cervello umano risiede nella sua incompiutezza al momento della nascita: due settimane dopo la nascita, il cervello del neonato presenta pochissimi prolungamenti dendritici (cioè collegamenti tra neuroni): esso è del tutto immaturo.

Ciò conduce a un'importante conseguenza: per lunghi anni, mentre si sta ancora formando, il cervello umano rimane esposto all'influenza dell'ambiente. Alla fine è l'ambiente che lo plasma. E proprio perché è il più immaturo, è anche il più modellabile. L'ambiente culturale e l'educazione, lo forgiano. C'è ben poco di innato nel destino delle persone. Perfino la percezione del dolore è modellata dalla cultura. E sempre perché è incompiuto, il cervello umano è naturalmente predisposto a conoscere, a impegnarsi, a esplorare, proprio come l'Ulisse dantesco. Al pari di Ulisse, la specie umana è «condannata» per tutta la durata del suo arco di vita a ultimare il proprio cervello, a completarne la creazione. Il vero compito evolutivo della specie umana è quello di crescere instancabilmente, di acquisire e perfezionare nuove capacità in termini motori, cognitivi ed emozionali. In questo modo uno svantaggio iniziale, l'immaturità, diventa un'opportunità infinita di adattamento all'ambiente. Esattamente l'opposto di quelle concezioni che vedono torpore, inerzia e fuga da qualsiasi responsabilità come caratteristiche umane naturali e originarie. Insomma, il destino dell'uomo è quello di un perpetuo allenamento...

Poiché la motivazione intrinseca è radicata nella nostra storia biologica, sentirsi capaci, sentire di «farcela» produce un senso di piacere molto più antico e profondo di quello stimolato dagli incentivi o dai rinforzi esterni. Il bambino che impara attraverso il piacere e il divertimento, che si appassiona, tenderà a cercare nuovi apprendimenti, nuove esperienze di competenza.

Al contrario, senza emozioni e senza divertimento diventa difficile apprendere: non è un caso che il sistema limbico, parte del cervello fondamentale nell'elaborare le esperienze emozionali, sia legato anche alla memorizzazione delle informazioni. Senza emozioni l'unico modo per ricordare le informazioni è quello di utilizzare sistemi coscienti (ripetizioni, schemi, ripassi) finché i dati si fissano in testa, ma con grande fatica: lo sanno bene gli studenti che hanno insegnanti incapaci di destare il loro interesse e la loro curiosità.

Ecco quindi svelato il meccanismo della motivazione intrinseca: la motivazione produce l'impegno, e a furia di impegnarci diventiamo più bravi, aumentando il nostro senso di competenza o senso di autoefficacia. Sentirsi competenti è fonte di piacere e di emozioni positive. Questo piacere, a sua volta, stimola livelli più elevati di impegno: l'impegno sviluppa nuovi apprendimenti e nuove connessioni cerebrali oltre ad accrescere il senso di competenza. L'accresciuto senso di competenza produce nuovo piacere, dando origine a un circolo virtuoso motivazionale che stimoli o forme di manipolazione esterna non sono invece in grado di produrre.

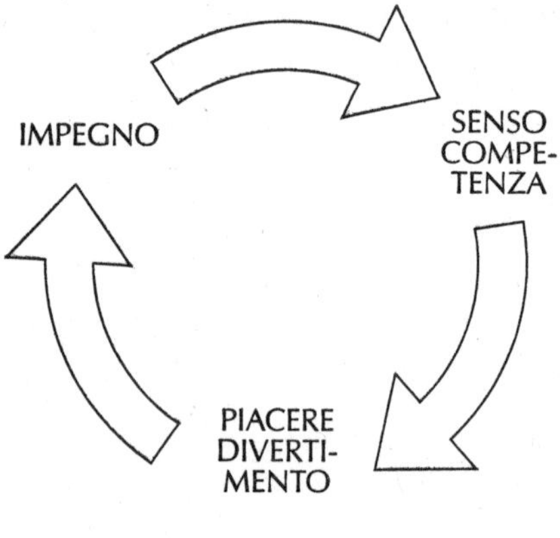

Esiste un corollario fondamentale per far funzionare questo circolo virtuoso: bisogna rendere l'atleta consapevole della crescita della propria autoefficacia. Ovvero, dobbiamo sottolineare i progressi! Diversi studi mostrano che i soggetti che ricevono un feedback prestativo e che possono monitorare i propri progressi, si divertono maggiormente e sono motivati a impegnarsi di più.* Nel quinto capitolo approfondiremo questo tema parlando degli strumenti per sostenere l'automotivazione.

Una caratteristica importante dell'automotivazione sta nella sua paradossale proprietà di non essere abbattuta dalle situazioni difficili. La spinta delle motivazioni basate sugli incentivi o sulla volontà altrui aumenta quando le condizioni esterne sono più facili: quando arriva la discesa, tutti si sentono più sicuri di arrivare in fondo; quando in una competizione sono assenti i più forti, i partecipanti si sentono molto più capaci. Questo tipo di motivazione diminuisce invece sensibilmente quando le condizioni si fanno più difficili. Chi si sforza di andare a correre – e lo fa non per piacere, ma per una ragione esterna – tende a rinunciare se comincia a piovere. Questo non succede se si ha una forte motivazione interna.

Se una persona accetta di impegnarsi in situazioni stressanti, senza incentivi di alcun tipo, e lo fa autonomamente e per sfidare i propri limiti, paradossalmente si sentirà meno motivata se le condizioni esterne risultano più facili del

* Si vedano per esempio: L. Hu, R.W. Motl, E. McAuley, J.F. Konopack, *Effects of Self-efficacy on Physical Activity Enjoyment in College-aged Women*, in *Int J. Behav Med*, 2007;14(2), pp. 92-6; E. McAuley, H.M. Talbot, S. Martinez, *Manipulating Self-efficacy in the Exercise Environment in Women: Influences on Affective Responses*, in *Health Psychology*, maggio 1999 18(3), pp. 288-294.

previsto. Durante l'edizione 2010 della durissima PTL, ultramaratona alpina a squadre di oltre duecento chilometri, gli organizzatori modificarono il percorso a gara iniziata a causa delle sopraggiunte condizioni meteo proibitive. Nello stesso fine settimana, a poche decine di chilometri di distanza, per la stessa ragione era stata annullata l'Ultratrail del Monte Bianco, forse la gara di questo genere più famosa del mondo. Gli organizzatori della PTL si limitarono a indirizzare i concorrenti su un percorso alternativo, a un'altitudine inferiore e privo di vie ferrate e tratti in cresta. Erano infatti in arrivo bufere, temporali con fulmini e neve in quota. Mi colpì la reazione di gran parte delle squadre: delusione anziché sollievo. Gli atleti, evidentemente, traevano energia dalla sfida con la montagna scatenata; si sentivano adeguati, pronti e capaci di affrontarla e da ciò traevano piacere. Non potersi confrontare con queste difficoltà, lungi dal farli sentire meglio, li demotivava. Con ciò non contesto la decisione degli organizzatori, che era assolutamente sensata. Intendo solo osservare come far leva su motivazioni di tipo intrinseco renda più resilienti le persone. E se ancora non siete persuasi, vi fornisco subito un altro bell'esempio in proposito.

3.3. Benvenuti al Tor des Géants

L'uomo è fatto di carne e di ossa,
e di una fibra miracolosa detta
coraggio.

George Patton

Se ci sono luoghi dove il Creatore ha indugiato più a lungo plasmando il mondo, questi sono le montagne della Valle d'Aosta. Ma non potete capire quello che sto dicendo se non avete mai attraversato questi luoghi o se li avete visti con gli occhi del turista di centri commerciali. Dovete andarci a piedi. Dovete entrarci con tutti voi stessi. Ci sono due grandi sentieri che penetrano in tutte le valli della regione: le due Alte Vie. Solo percorrendole capirete ciò che intendo: c'è un punto sull'Alta Via n. 1 dove all'alba potrete vedere la piramide del Cervino uscire lentamente dal buio e stagliarsi davanti a voi, mentre alla vostra destra, svelate dalla luce crescente, si mostreranno le distese di ghiaccio del Monte Rosa.

Supererete il Passo Alto dell'Alta Via n. 2 dove la presenza dell'uomo è rara: luoghi di silenzio dominati da rocce che abitavano la terra ben prima della nostra comparsa. Un cosmo primordiale e incustodito, l'antitesi di tutto ciò che vi è di turistico. Ma sporgendovi dal Passo, il mondo umano riapparirà luminoso ai vostri piedi, infinitamente più in basso, con paesi e pascoli sconfinati. Queste sono le Alte Vie. In questi spazi risiede una bellezza selvaggia che toglie il respiro. Tutto è ancora (quasi) fermo ai tempi della creazione: non c'è sovraffollamento sui sentieri, un giorno intero di cammino e incontrate un pugno di persone. I rifugi distano ancora lunghe ore di marcia l'uno dall'altro. E non ci sono impianti di risalita ad accorciare la fatica dei camminatori.

Le due Alte Vie formano un anello che si completa in 330 chilometri, 24.000 metri di dislivello positivo (vale a dire «di salita»), e altrettanti di discesa. Il nome «Giro dei giganti» fa riferimento alle montagne più alte d'Europa, lambite dalle due Alte Vie: Monte Bianco, Grandes Jorasses, Monte Rosa, Cervino, Grandes Murailles, Dent d'Hérens, Grand Combin, Gran Paradiso... Sono loro i «giganti», tutte montagne che superano i quattromila metri.

Percorrere l'intero anello in una sola gara no-stop è stata l'idea che ha portato alla nascita del «Tor des Géants» («Tor» e non «Tour» perché è patois e non francese).

È una gara durissima. I partecipanti sono letteralmente decimati dalle difficoltà lungo il percorso. I 24mila metri di discesa, apparentemente più allettanti dell'altrettanta salita, si rivelano uno dei principali fattori limitanti. Le sollecitazioni continue provocano catastrofici sovraccarichi all'apparato osteo-articolare con conseguente scatenarsi di infiammazioni. Al termine di un'edizione della gara vado a trovare Carletto, un conoscente che ha dovuto ritirarsi proprio per un'infiammazione. «Be'» gli chiedo: «Che è successo?» Carletto viene da Venezia e fa il parrucchiere. È una persona del tutto normale, con la passione per queste gare estreme. Ha la faccia distrutta e veste una tuta larghissima, informe. Fa un gesto interlocutorio con la mano, come a dire: «Aspetta!» Si rimbocca una gamba dei pantaloni della tuta e noto con stupore che nasconde all'interno dell'indumento un pallone da calcio. Regolamentare. Ricoperto in pelle umana, peli compresi. Poi guardando meglio capisco che il pallone è il ginocchio. Non credevo che un'articolazione umana potesse gonfiarsi in questo modo, riempiendosi di liquidi. Evidentemente c'è sempre da imparare.

Ma non ci sono solo le infiammazioni o i muscoli distrutti. Ci sono le persone colpite da ipotermia, oppure quelle che arrivano imbambolate dalla fatica, sfinite, assassinate dalla mancanza di sonno: uno ha già tagliato il traguardo da un'ora ma rimane in piedi immobile con gli occhi sbarrati a fissare il vuoto. Non ha la forza di svestirsi e cambiarsi. È come se non riuscisse a rientrare più nel suo corpo. Rimane immobile, madido di sudore, con gli abiti zuppi addosso. Perché? Cosa giustifica tutta questa sofferenza autoinflitta? Forse una decisa propensione al masochismo da parte di questi atleti? No, non è così.

La maggior parte degli atleti è spinta da una molla ancestrale: pur soffrendo come cani per la fatica, la deprivazione di sonno, le infiammazioni, le vesciche ai piedi, ne ricavano ugualmente una forma di piacere. Il piacere di farcela, di raggiungere un obiettivo difficile e sfidante. È un modo per sperimentare il proprio controllo sulla realtà, espresso sotto forma di padronanza del corpo, delle emozioni e dei pensieri. Ne sono dimostrazione anche quelli che arrivano per ultimi: giungono disfatti e felici, esempi viventi della sana filosofia del «finisher»,* quella che dice: «La classifica esterna non conta nulla di fronte a quella interiore, conta solo farcela, arrivare alla fine».

C'è anche chi – è vero – è qui per altre motivazioni. Chi

* Il termine «finisher» indica tradizionalmente in queste gare l'atleta che è arrivato in fondo, che ce l'ha fatta a terminare la gara senza ritirarsi. Dare enfasi al piacere di «farcela» piuttosto che a quello di «vincere sugli altri» comporta uno spostamento importante della mentalità in direzione della motivazione intrinseca.

è mosso da rinforzi esterni, come dover dimostrare qualcosa a qualcuno, volersi sentire a tutti i costi superiore agli altri. Se in gare simili a volte vengono commesse delle scorrettezze è in queste file che vanno cercati i responsabili. Ma per la maggior parte l'obiettivo è farcela e truffare non ha alcun senso. Gli idioti sono un'esigua minoranza. Qui la classifica non è la cosa più importante. Prevale l'agonismo interno. Il vero avversario è dentro se stessi. In questo sta la chiave per capire il segreto della vita. Il cacciatore persistente continua ancora oggi la sua corsa, ma non bracca più l'antilope: insegue i propri limiti. Perseverare è umano.

3.4. Lo zen e l'arte di rincorrere in discesa il pallone cento volte al giorno

Anne Marie e Ulrich Gross sono due fratelli altoatesini, originari della Val Sarentino. Sono entrati entrambi da poco negli «anta» e non sono atleti professionisti, almeno non nel senso dei guadagni che ricavano dall'attività sportiva. Anne Marie nella vita ha lavorato come domestica, come barista, poi ha raccolto mele e fatto l'operaia. A trent'anni ha ripreso la scuola e ha conseguito il diploma di assistente domiciliare. Da allora lavora per i servizi sociali, recandosi al mattino a fare visita agli anziani semi-autosufficienti e nel pomeriggio occupandosi di bambini portatori di handicap. Vive con Herbert, che l'accompagna a tutte le gare, sempre imperturbabile e pronto alla battuta. Anche Ulrich è sposato e ha due bambini. Nella vita si occupa della manutenzione di condomini e stabili. Anne Marie e Ulrich sono atleti della squadra Nazionale di Ultramaratona e corrono la durissima specialità delle ventiquattro ore. Da umili eroi di una disciplina molto esigente ma sconosciuta, i due Gross sono improvvisamente balzati alla ribalta mondiale dello sport di endurance perché hanno compiuto un'impresa storica: si sono aggiudicati entrambi i podi, quello maschile e quello femminile in occasione della prima edizione del Tor des Géants. Anzi, sarebbe più corretto dire che si sono aggiudicati il podio femminile e maschile, invertendo l'ordine dei fattori. Questo non per semplice cavalleria, ma perché Anne Marie ha compiuto un'impresa nell'impresa: è arrivata prima tra le donne, ma anche quarta assoluta tra gli uomini.*

Ogni tanto nel nostro paese qualche esperto di turno cerca di spiegare lo strapotere degli atleti africani nelle discipline di resistenza come frutto di qualità genetiche o di particolari caratteristiche fisiologiche. Personalmente la cosa mi ha sempre fatto sorridere. Da parte mia concordo pienamente con Renato Canova (che di atleti africani se ne intende) quando sostiene che le differenze sono culturali. È differente l'approccio alla fatica, ai sacrifici, all'impegno – tutte cose che vengono costruite sin dalle esperienze motorie infantili – non la struttura dei mitocondri. Tant'è che anche da noi, quando l'ambiente socio-culturale fornisce stimoli ed esperienze di vita simili a quelle dei bambini degli altopiani africani, compaiono atleti paragonabili ai keniani in termini di capacità di gestire il disagio, la fatica e la motivazione: ne sono esempio i vari Marco Olmo, Bruno Brunod e Roberto Ghidoni, ma anche tanti altri...

Del resto, se aveste ancora dubbi sul fatto che la diffe-

* Anche l'edizione 2011 è stata dominata in campo femminile da Anne Marie, mentre Ulrich è stato costretto al ritiro da un infortunio.

renza sia genetica, leggete cosa scrive un autorevole ricercatore sull'*International Sports Medicine Journal*: «Poche altre regioni del mondo hanno un così alto livello di attività fisica nell'infanzia combinato con una tale importanza culturale e finanziaria attribuita alla corsa su lunghe distanze. Questa realtà indica chiaramente che i fattori ambientali sono più influenti dei fattori genetici per il successo dei corridori dell'Africa orientale. In una regione economicamente depressa come l'Africa orientale, i fattori economici forniscono un'ulteriore motivazione, se non una necessità, di riuscire nella corsa. In sintesi, è ingiustificato al momento considerare il fenomeno della corsa dell'Africa orientale come geneticamente mediato».*

Lavoro con Anne Marie e Ulrich da un paio d'anni. Ho avuto l'onore di ospitare i due fratelli e Herbert a casa mia per alcuni giorni dopo il Tor des Géants. Ho colto l'occasione per farmi raccontare meglio la loro vita, il loro approccio alla corsa, i loro metodi di allenamento. Le radici della loro motivazione allo sport nascono da esperienze iniziali di divertimento e di piacere nel sentirsi capaci e non dalla ricerca della prestazione o dall'influenza di qualcun altro. Questo è un elemento che dovrebbe far meditare profondamente tutti i genitori che spingono i propri figli a fare sport con un approccio focalizzato fin da subito sulla competizione. Si tratta di un approccio fallimentare che produce – a lungo termine – disgusto e abbandono della pratica sportiva. È sorprendente invece che una pratica sportiva iniziata privilegiando piacere e divertimento renda poi – a lungo termine – capaci di tollerare livelli impensa-

* R. Scott et al., *Genetics and the Success of East African Distance Runners*, in *International SportsMed Journal*, vol. 7, 3 (2006).

bili di disagio. È una cosa che deve far riflettere: è la prova che l'automotivazione, la motivazione basata su fattori intrinseci, sul senso di competenza è straordinariamente più resiliente di quella fondata su rinforzi esterni.

Racconta Anne Marie: «La mia prima corsa è stata quella di paese a Sarentino. Avevo otto anni. Il nostro fratello maggiore Richard è stato il nostro primo istruttore di atletica. Si è improvvisato tale anche se aveva pochi anni più di noi. Ci portava vicino al torrente e con i sassi del fiume ci faceva fare il lancio del disco. Con i rami faceva degli ostacoli da saltare. Poi siamo entrati nel club di atletica locale. Ci allenavamo una volta alla settimana. Per noi era soprattutto gioco, divertimento: il senso dell'allenamento è arrivato dopo. Al club avevamo un vero allenatore che ci diceva: 'Correte fino a lì, fate questo giro, fate quell'altra cosa...' Noi, appena girato l'angolo, ci fermavamo a giocare, a ridere e scherzare. Dopo un po' ci chiedevamo: 'È passato abbastanza tempo? Allora torniamo'. Lui non se ne accorgeva o fingeva di non accorgersene. Alle gare non ci accompagnava nessuno. Solo l'autista del pulmino. Non come oggi che sembra che la gara la facciano i genitori. Era davvero solo un'avventura. Si partiva di colpo, sulla linea di partenza con il gelato ancora in mano».

«Abbiamo avuto la possibilità di conoscere l'Alto Adige grazie alla corsa» aggiunge Ulrich. «I nostri genitori non avevano la macchina. Quindi andare alle gare era l'unica possibilità di uscire dalla Val Sarentino, di vedere posti nuovi, di conoscere altri bambini. Eravamo – come ha detto Anne Marie – tre fratelli. Per me all'inizio era un gioco, non c'era la ricerca del risultato e nemmeno un vero e proprio allenamento. Correre però mi riusciva bene. A casa ero quello che correva sempre a riprendere il pallone, quando usciva dal campo e rotolava giù dal pendio. Oggi dopo dieci volte nessuno va più a riprenderlo. Ma io ci andavo anche più di cento volte al giorno. Era l'unico gioco che avevo.»

3.5. La volpe di Sparta: l'effetto dei modelli culturali su automotivazione e impegno

La storia dei fratelli Gross è significativa anche perché mostra l'impatto che certi modelli culturali hanno sulla formazione degli individui. Ulrich e Anne Marie rappresentano lo straordinario e felice incontro di una serie di fattori ideali: fisici molto adatti; genitori così intelligenti da incoraggiare senza spingere troppo, in modo da permettere lo sviluppo di una motivazione autonoma e basata sul piacere di sentirsi capaci; infine, la presenza, fin dall'infanzia, di modelli culturali basati sulla valorizzazione dell'impegno. Da bambini, infatti, i Gross hanno avuto la fortuna di non essere mai stati considerati dei talenti dalle figure dell'ambiente circostante. E, di conseguenza, neppure loro si sono considerati tali: e questa è stata una fortuna.

Sgombriamo subito il campo da un equivoco: l'infanzia dei Gross non è stata infelice, per nulla. Lo conferma la stessa Anne Marie: «No, non si può dire che abbiamo avuto un'infanzia infelice. Semplice, questo sì, ma felice. Giocavamo con i vicini di casa. Eravamo sempre fuori, per la campagna». La resilienza dei Gross non nasconde le sue radici nell'emarginazione o nel disagio. La loro è stata un'infanzia priva di fasti ma dignitosa. C'è stato qualcos'altro che ha fatto la differenza.

Spiega Ulrich: «Credo che oggi si sia più infelici di allora. Oggi la gioventù ha troppo e si lamenta subito. Una volta non si aveva nulla o comunque poco, ma la gente era più felice e non si lamentava come adesso. Nostro papà abitava a trenta chilometri da Bolzano. Due volte al mese andava in città a piedi. Caricava il cavallo di prodotti da vendere, faceva trenta chilometri tirandoselo dietro, vendeva tutto e comperava le cose da mangiare che ci mancavano al maso. Dopodiché ritornava a piedi in giornata. Sessanta chilometri al giorno, tirandosi dietro un cavallo carico. I vecchi non avevano niente eppure non si lamentavano mai. E quello che facevano, lo facevano con gioia. Oggi c'è chi si suicida per un semplice contrattempo».

Qualche volta la resilienza trae origine da esperienze giovanili di mancanza, di disagio o di sofferenza personale. Nel libro *Resisto dunque sono* ho raccontato la storia di alcuni grandi atleti che hanno saputo ricavare un ingentissimo serbatoio di energie mentali da esperienze difficili. I greci dicevano che Eros, il desiderio, era figlio di Penia, la mancanza. Fuor di metafora, i greci avevano capito che la spinta motivazionale è tanto più forte quanto più origina dal desiderio di «farcela», di sentirsi capace, di superare le proprie incapacità. A volte questa spinta diventa fortissima nelle persone che hanno vissuto esperienze precoci di vulnerabilità.

Ovviamente vivere simili esperienze non sempre è sufficiente a creare grandi atleti o eminenti scienziati. Se le cose stessero così, non si spiegherebbe l'ascesa di campioni come Alberto Tomba o Federica Pellegrini, appartenenti a famiglie agiate. Né si spiegherebbero i fratelli e le sorelle di alcuni tra i campioni che sono riusciti a trasformare un'infanzia difficile in sorgente di resilienza: sebbene abbiano vissuto le stesse situazioni, non si sono affermati, e hanno avuto un destino diverso. Molti sono finiti emarginati. Del resto non tutti i giovani dei ghetti diventano grandi pugili o star del rap.

L'equazione «disagio giovanile = resilienza da adulti» risulta spesso troppo semplicistica. Qualche volta funziona. Qualche volta la magia riesce. Ma la maggior parte delle volte fallisce. Ci vogliono altri ingredienti che stimolino il desiderio di riuscita oltre al vissuto pregresso di vulnerabilità: e questi ingredienti sono i modelli di impegno, uniti alla possibilità di sperimentare occasionalmente un po' di frustrazione e di disagio.

Per «modelli di impegno» intendo degli schemi cognitivi che vengono assimilati durante l'infanzia dalle figure di riferimento. Il termine «schemi cognitivi» indica delle modalità consolidate di vedere e valutare il mondo: ad esempio, in questo caso, l'idea che sia l'impegno a portare risultati, che non esistano scorciatoie, che fare fatica o qualche sacrificio non sia un evento straordinario della vita.* I piccoli Gross sono cresciuti con un padre capace di accettare come un evento consueto della vita il fatto di fare sessanta chilometri a piedi per provvedere alle necessità della famiglia. L'esempio del padre insegnava loro a equilibrare le aspettative, a vedere la fatica come elemento naturale per raggiungere uno scopo. È in questa lezione, secondo me, che va colto il segreto per costruire un apparato fisico e mentale capace di correre per 80 ore di seguito (il tempo con cui Ulrich ha vinto il Tor des Géants) con solo un'ora e trenta di pausa.

* Per un approfondimento dei modelli cognitivi, rimando al mio *Resisto dunque sono*, cit.

È un segreto che appartiene al cognitivo, non alla genetica. Gli schemi cognitivi vengono veicolati dalle culture e si depositano nel cervello attraverso la relazione con le figure di riferimento. La cultura media tutti i nostri atteggiamenti. Perfino la percezione del dolore. Conoscete la storia del ragazzino spartano e della volpe? Un ragazzino cattura una volpe con l'intenzione di mangiarsela. Però arriva un soldato e lui se la nasconde sotto il mantello perché ha paura che il soldato gliela porti via o che lo punisca. Quindi fa finta di niente mentre il soldato gli si avvicina e lo interroga. La volpe lo addenta a sangue. Lui però rimane imperterrito finché il soldato non si rende conto di quel che sta succedendo perché vede il sangue che gocciola a terra da sotto il mantello. Si tratta di una storia, ma è una storia che esprime l'ammirazione che gli altri greci avevano per gli effetti dell'educazione spartana. Ancora oggi ai nostri occhi Sparta simboleggia la forza di cambiamento che i modelli culturali e l'educazione hanno sugli individui. Ciò che rese Sparta a lungo invincibile sulle altre città greche – almeno nella percezione dei contemporanei – non era una differenza genetica. Erano le conseguenze dell'Agoghé (ἀγωγή), la consuetudine educativa introdotta, secondo la tradizione, da Licurgo. Sono i modelli culturali a plasmare gli schemi cognitivi degli individui e, di conseguenza, i loro comportamenti. Oggi la scienza ha dimostrato definitivamente che la percezione del dolore è mediata culturalmente. Uno studio molto interessante ha suddiviso le culture occidentali tra quelle che erogano attenzione al bambino se domina il dolore (nordeuropee e nordamericane); e quelle che erogano attenzione se lo manifesta (italiana, ebrea, sudamericana): in laboratorio si è verificato che gli appartenenti alle culture d'esternazione emotiva possiedono una tolleranza più bassa al dolore, sia da un punto di vista soggettivo che psicofisiologico.*

Se la resilienza è una caratteristica cognitiva, e gli schemi cognitivi sono influenzati dalla cultura dominante, le prospettive per le future generazioni sono desolanti. Ognuno di noi però può farsi carico di alcuni cambiamenti: a livello individuale e di gestione nei gruppi e nelle comunità. Non ci resta che vedere come...

* R.A. Sternback (a cura di), *The Psychology of Pain*, Raven Press, NY, 1986.

Punti chiave

- La motivazione intrinseca o automotivazione, legata al piacere di sentirsi capaci, ha una base biologica profonda. Da essa dipende la nostra sopravvivenza come animali non specializzati che nascono con un cervello incompiuto. Questo tipo di spinta motivazionale genera più impegno di qualsiasi altra motivazione basata su rinforzi esterni (autorità, sanzioni, incentivi).
- Facendo leva sul senso di competenza, sul piacere di farcela, possiamo ottenere dalle persone un impegno straordinario. Chi è mosso dalla motivazione intrinseca è più resiliente. La sua spinta motivazionale non viene demolita dalle difficoltà come invece succede comunemente con chi è mosso da rinforzi esterni. Essa infatti trasforma gli ostacoli in sfide. Solo sulla base del senso di competenza, del piacere di sentirsi capaci, è possibile spiegarsi come mai ci siano così tanti partecipanti a gare massacranti come il Tor des Géants.
- Le performance degli atleti straordinari che vincono queste gare non possono essere spiegate interamente con dati fisiologici; così come non è stato trovato un fattore fisico che spieghi lo strapotere africano in certe discipline di resistenza. Il vantaggio è mentale, ma la loro resilienza sbalorditiva ha anche una base cultu-

rale. Essa si fonde su «modelli di impegno», cioè modelli di accettazione del disagio, della sofferenza e della responsabilità che in età giovanile vengono assorbiti tramite le figure di riferimento e veicolate dall'educazione. La superiorità della società spartana tra i greci antichi non può essere spiegata su base genetica (i greci di allora erano geneticamente identici fra loro e sono identici a quelli di oggi) o di selezione dei talenti: era l'Agoghé, il sistema educativo spartano, che faceva la differenza.

Parte seconda

Sviluppare la resilienza individuale, sostenere l'automotivazione

Capitolo 4

Convincersi di farcela, tenere duro: i due cardini dell'automotivazione

4.1. I due tipi di demotivazione

> *Nevicava fortissimo.*
> *Presto le valanghe avrebbero cominciato a spazzare il pendio.*
> *Togliersi subito di lì!*
> *Non-posso-farcela e Chi-me-lo-fa-fare non si decidevano a muoversi, ciascuno per ragioni diverse. Finirono sepolti alla prima slavina.*
>
> Rielaborazione di un reale fatto di cronaca

La resilienza ha due anime. Quando diciamo che una persona è «demotivata», con questo termine indichiamo di volta in volta due fenomeni molto diversi tra loro, ognuno dei quali ci rivela un diverso aspetto della resilienza.

Vediamo il primo caso di «demotivazione». È la situazione di qualcuno che non si impegna per ottenere un obiettivo, non perché non vi aspiri, ma perché ritiene di non poterlo raggiungere. La frase tipica che riassume la situazione è: «Tanto non ce la farò mai, quindi meglio lasciar perdere!» Per esempio potrebbe attirarmi molto l'idea di scalare una certa montagna; ma poiché (a torto o a ragione) penso di non averne le capacità, non mi impegno minimamente per realizzare il mio desiderio. In questo primo caso di «demotivazione» la persona rinuncia e non si impegna a causa di un basso senso di autoefficacia. Uso l'espressione «senso di autoefficacia» come equivalente a senso di competenza: sentirsi autoefficace significa sentirsi adeguato o capace di raggiungere un dato obiettivo. Un basso senso di autoefficacia verso un traguardo da raggiungere genera immobilità e rassegnazione. Il «senso di autoefficacia» è uno dei due principali componenti della resilienza. Quando manca la convinzione di potercela fare, di poter superare gli ostacoli, la motivazione risulta debole e crolla alle prime difficoltà.

Tuttavia il nostro linguaggio utilizza il termine «demotivazione» anche per indicare una situazione completamente diversa. Continuando l'esempio precedente, possiamo avere una persona fortemente attratta dalla prospettiva di scalare una determinata montagna; e che ha un ottimo senso di autoefficacia, per cui è certa di poter ottenere l'obiettivo pre-fissato. Ma che alla fine sulla montagna non ci sale, perché non ha voglia di affrontare la fatica necessaria, non ha voglia di fare sacrifici e di soffrire.

In questo caso parliamo di «demotivazione» da bassa capacità volizionale, cioè da scarsa volontà. Se la frase tipica della prima situazione era: «Tanto non ce la farò mai, quindi meglio lasciar perdere!», quella della seconda è: «Ma chi me lo fa fare?» Oppure: «Non ne vale la pena!» O ancora: «Troppo sbattimento!» Le capacità volizionali rappresentano l'altro componente centrale della resilienza.

Nella nostra cultura domina un'immagine falsata e fuorviante del desiderare e del volere: un'immagine romantica del desiderio come condizione priva di controllo, irrazionale e che in qualche modo viene indotta dall'esterno. A questa accezione del termine rimanda secondo alcuni anche l'etimologia: «desiderio» sembrerebbe infatti provenire dal latino «de sideribus», proveniente dalle *stelle*: quindi qualcosa fuori di noi, che ci influenza ma che noi non possiamo controllare. In una suggestiva ipotesi del filosofo Umberto Galimberti, la parola viene fatta risalire a un passo del *De bello gallico* di Giulio Cesare: qui i *desiderantes* erano i soldati che stavano sotto le stelle ad aspettare i commilitoni che, dopo aver combattuto durante il giorno, ancora non erano tornati. Desiderare quindi come condizione in cui si attende, che si subisce senza governare attivamente. A questa concezione del desiderio manca l'aspetto attivo: il volere come darsi razionalmente un progetto e perseguirlo con disciplina. La stessa differenza che passa tra il generico «desiderare di diventare un campione» e invece mettere in atto la fatica per diventarlo; tra il sognare di essere promossi e l'impegnarsi di conseguenza nello studio. Senza capacità volizionali, la motivazione si arresta al primo sentore di disagio, alle prime fatiche. E i desideri restano semplici velleità.

Lo sviluppo della resilienza a livello individuale si ottiene accrescendo entrambe le componenti: si può incrementare il senso di autoefficacia e si possono migliorare le capacità volizionali. Il «come» lo vedremo nei paragrafi seguenti.

4.2. Espandere il senso di autoefficacia

Non esistono condizioni meteo sfavorevoli,
esistono uomini che si arrendono.
Bill Bowerman

Non è perché le cose sono difficili
che non osiamo farle,
è perché non osiamo farle che diventano difficili.
Seneca

Uno dei principali ostacoli alla motivazione è rappresentato da un debole senso di autoefficacia. Chi pensa che difficilmente ce la farà, chi nutre forti dubbi sulle sue possibilità di riuscita non si impegnerà per raggiungere un obiettivo. Chi ha un basso senso di autoefficacia appare spesso demotivato. Ma cos'è il senso di autoefficacia? È un processo cognitivo che riguarda ambiti specifici: attiene alla mia convinzione di riuscita in contesti molto delimitati. Per esempio, posso avere un basso senso di autoefficacia in cucina; e allo stesso tempo – e senza che questo venga vissuto come una contraddizione – avere un elevato senso di autoefficacia come nuotatore. L'autostima invece è una cosa diversa: è la percezione generale del mio valore come persona. Non riguarda le mie capacità, riguarda il mio valore. È un po' il bilancio generale di noi stessi in termini di «mi piaccio», «non mi piaccio». Il senso di autoefficacia non ha invece una connessione immediata con il senso generale del nostro valore. Come spiega Albert Bandura, «una persona può giudicarsi irrimediabilmente inefficace in una data attività senza per questo patire una qualsiasi perdita di autostima, se non investe tale attività del senso del proprio valore personale».*

Il senso di autoefficacia si sviluppa attraverso le esperienze di successo: più successi ottengo, più mi sento bravo e capace, più sono motivato a fare. Esperienze occasionali di insuccesso non compromettono questa percezione, specialmente quando è consolidata; invece sistematiche esperienze di fallimento l'azzerano.

Un problema più sottile, però, si verifica quando permettiamo non alle esperienze reali, ma ai nostri «sabotatori interni» di prevalere. Per «sabotatori interni» intendo quei processi cognitivi disfunzionali, cioè errati. I sabotatori interni si rinforzano quando permettiamo alla nostra mente di aderire in modo automatico a credenze, convinzioni, interpretazioni della realtà che sono false e/o limitanti. In questi casi il nostro senso di autoefficacia si abbas-

* A. Bandura, *Autoefficacia: teoria e applicazioni*, Trento, 2000.

sa perché ci sabotiamo da soli. Parlo di processi che sono molto comuni e che avvengono di continuo.*

Vediamo alcuni esempi. Se uno pensa: «Ho mandato il mio curriculum a cinque aziende e nessuna mi ha risposto. Non troverò mai lavoro!», sta usando uno stile di pensiero tipico dei pessimisti. Lo stile cognitivo pessimista è un ottimo esempio di «sabotatore interno». Il pessimismo infatti non è il prodotto di un gene che si eredita o di una maledizione. È semplicemente uno stile cognitivo, cioè un modo di leggere gli eventi che assorbiamo inconsapevolmente guardando il comportamento delle nostre figure di riferimento. Una delle caratteristiche salienti nello stile cognitivo dei pessimisti riguarda la generalizzazione degli eventi negativi. Nell'esempio appena fatto, l'evento reale è l'invio di cinque curricula. Che cinque sia il numero massimo oltre il quale le cose non cambieranno mai, però, non è una realtà dei fatti: è una conclusione indebita prodotta da me. Che «le cose dopo cinque tentativi non possano più cambiare» infatti non corrisponde a una legge inevitabile come la legge di gravità! Sono io che la vivo come una regola ineluttabile: è una mia creazione. Una creazione a cui ho deciso di dare fede in modo automatico, senza utilizzare la consapevolezza.

E continuo a crederci anche se la vita è piena di esempi che mi dimostrano il contrario: situazioni che si sono risolte non al quinto, ma dopo centinaia di tentativi. Paul Ehrlich scoprì la cura contro la sifilide dopo aver fallito precedentemente seicentosei volte. Si racconta che Thomas Edi-

* Per i concetti di valutazione cognitiva e stile cognitivo, e per gli errori relativi e i metodi di sviluppo, rimando a *Resisto dunque sono*. Qui riprendo solo i concetti principali, lasciando a quel testo gli eventuali approfondimenti.

son, l'inventore della lampadina, abbia effettuato oltre cinquemila esperimenti negativi prima di mettere a punto una lampadina funzionante. Edison non considerò mai quei tentativi come un fallimento: al contrario, li considerò alla stregua di gradini, di necessarie tappe da percorrere per raggiungere la meta.

L'esempio di Edison dimostra efficacemente che un pensiero disfunzionale non rimane soltanto una questione «mentale». Esso, modificando le motivazioni, finisce per avere conseguenze sui comportamenti reali. Se infatti scelgo di considerare gli errori solo dei fallimenti, la mia motivazione si esaurirà in fretta. E velocemente smetterò di cercare, di impegnarmi. Se invece vedo negli errori dei passi inevitabili per raggiungere l'obiettivo, ogni scacco mi stimolerà a proseguire con determinazione ancora maggiore.

È la valutazione cognitiva,il come «leggiamo gli eventi», a determinare le nostre azioni future! Ciò che penso determina i miei comportamenti, la decisione di arrendermi o quella di perseverare; e decide anche la mia risposta corporea, stimolando o inibendo il rilascio di neurotrasmettitori e altre sostanze funzionali alla prestazione.

Il primo passo per aumentare la resilienza individuale ed espandere il senso di autoefficacia passa dal disinnescare il più possibile i sabotatori interni.

La caratteristica costante degli autosabotaggi sta nel confondere realtà esterna e valutazioni interne, pensieri ed eventi reali. Un atleta si sente in forma il giorno della gara. Come si suol dire, «ha buone sensazioni». Poi, sulla linea di partenza, vede gli avversari e questi gli appaiono in forma smagliante. La sua motivazione crolla repentinamente: «Non ce la farò mai a batterli» pensa. Cosa è successo? Si è arreso al sabotatore interno. Infatti, in modo molto sottile, ha costruito un vincolo di necessità che unisce l'apparente forma degli avversari con il suo futuro risultato. Lo stato di forma degli antagonisti è un fatto reale, ma l'ipoteca sul risultato non lo è. *È un elemento che proviene da lui: un pensiero legittimo, ma pur sempre un pensiero, che lui ha confuso con una realtà inevitabile*. Eppure il suo atteggiamento, cioè l'adesione acritica a questo pensiero, rischia di fare avverare concretamente le sue paure. Attenzione: è ovvio che esista una relazione tra le due cose, stato di forma degli avversari e andamento della gara. Più gli avversari sono in forma, minori saranno le mie probabilità di vittoria. Ma finché la gara non ha luogo, lui non può sapere come andrà a finire. L'atteggiamento giusto, in questo caso, è quello di accettare il confronto dando il massimo. Se la motivazione è forte in questa direzione, il corpo le terrà dietro facendo tutto quello che può per reclutare risorse. Può darsi che vinca o che perda: questo si vedrà, ma in ogni caso il confronto rappresenterà sempre e comunque un'esperienza di crescita. Invece con l'autosabotaggio si ottiene una sola certezza: quella di rinunciare a lottare già in partenza. E anche il corpo si adegua a questo stato mentale. Alla fine, la prestazione è realmente deprimente.

Sono tanti gli esempi di limiti che ci poniamo da soli: «Questo non mi interessa perché è troppo complicato»; «Non ho la stoffa»; «Da piccolo non l'ho mai fatto»; «Tanto non cambierà mai niente»; «Gli altri sono più bravi»; «È tutto inutile»; «Non ce la farò mai»; «Devo assolutamente essere sempre apprezzato da tutti»...

Questi pensieri caratterizzati da elementi di assolutezza («mai», «sempre») sono esempi comuni e grossolani di errori cognitivi. Altri pensieri sono più sottili e subdoli. Ma, in entrambi i casi, pur paventando limiti immaginari, finiscono con l'avere conseguenze reali, perché generano comportamenti precisi. Noi rimaniamo attaccati a questi errori cognitivi, a queste credenze non dimostrate, a queste valutazioni fasulle, in gran parte perché ci fanno comodo. Perché i limiti autogenerati ci proteggono dall'impegno, dal confronto, dal dover vivere esperienze spiacevoli; e ci forniscono degli alibi preconfezionati. Ma queste protezioni a lungo termine ci danneggiano. Perché, abbassando il senso di autoefficacia, cancellano la motivazione e impediscono crescita e sviluppo personale.

Chi invece annienta gli autosabotatori e rinuncia ai vantaggi agrodolci del vittimismo può approdare a traguardi paradossali. Facciamo un esempio concreto: il fatto di dover crescere da bambini non disponendo di scarpe ai piedi (non per scelta salutistica, come adesso è di moda, ma per mancanza) sarebbe giudicato per la maggioranza di noi come una grande sfortuna. La tentazione per molti, se ci trovassimo in una situazione simile, sarebbe quella di farne un alibi perenne nella vita. Ma non per tutti è così. Alcuni sono così forti da ribaltare il modo convenzionale di vedere le cose. Questo ribaltamento del punto di vista, che tecnicamente definiamo «ristrutturazione cognitiva», non significa falsificare la realtà, raccontare a se stessi frottole: si tratta invece di un processo che ci costringe a vedere le opportunità presenti nell'esperienza e a rinunciare agli alibi. È annullando gli autosabotatori che si aumenta il senso di autoefficacia. «Sono stato fortunato a crescere senza delle vere scarpe ai piedi» sostiene Bruno Brunod* spiazzando l'interlocutore e fornendo un bell'esempio di ristrut-

* Bruno Brunod, ex campione del mondo di skyrunning, detentore dei record di ascensione del Cervino, Monte Rosa, Aconcagua, Kilimanjaro, è stato

turazione cognitiva. «Tutto quel dover andare su e giù in montagna con delle specie di sandali per portare gli animali al pascolo (e soprattutto per andare a recuperare le capre che finivano su per i canaloni e non sapevano più scendere) mi ha costretto a sviluppare una sensibilità straordinaria. Dopo, con le scarpe, nessuno mi ha mai battuto in discesa. E non ho mai preso una storta!» Un ribaltamento oltremodo spiazzante. Del resto Bruno ha sempre sostenuto un'altra teoria destabilizzante per il pensiero comune: «Tanti mi dicono: povero te, ti allenavi due volte al giorno, pur dovendo lavorare otto ore in cantiere come muratore a spaccare pietre e costruire muri a secco. Chissà se tu avessi potuto fare il professionista, quello che si allena e poi si riposa invece di lavorare...» racconta serafico. «Eh, non è mica così. Sono stato fortunato a dover lavorare duro tra un allenamento e l'altro. Così sono stato costretto a sviluppare una resistenza mentale alla fatica che i miei avversari non avevano. Perché quella capacità di sforzarmi ad andare avanti a spaccare pietre nonostante la stanchezza mi è servita tante volte. Ad esempio quando mi trovavo testa a testa con qualcuno. Io sapevo soffrire un po' di più di lui e lo staccavo.» Bruno ci dimostra che in gran parte la vita può essere un dono o una maledizione a seconda di come scegliamo di vederla. E che la resilienza, ancora una volta, è una questione cognitiva: ha a che fare con il modo in cui percepiamo e valutiamo il mondo.

Concludo questa breve rassegna degli autosabotatori descrivendo la più subdola tra le trappole cognitive. È subdola perché permea l'intera nostra cultura e noi ne subia-

uno dei più grandi interpreti di tutti i tempi della prestazione umana in quota e un ultramaratoneta ante litteram.

mo gli influssi fin dalla più tenera età: è *l'aspettativa di sfuggire eternamente all'incontro con qualsiasi tipo di disagio.* Questa aspettativa si accompagna spesso alla pretesa – di fronte al minimo ostacolo – di poter cambiare magicamente e in modo istantaneo stato d'animo.

Questa mentalità è ubiquitaria. Gli esempi sono tantissimi: si parte dai semplici inconvenienti quotidiani, piccoli fastidi, doloretti, come un banale mal di testa. Nella nostra società non sono più accettati come inevitabili contrattempi che fanno parte della vita di tutti i giorni: essi diventano emergenze di cui occorre sbarazzarsi immediatamente. Ecco allora il fiorire di prodotti lanciati dalle industrie farmaceutiche il cui vero scopo non è la funzione terapeutica, ma il pronto soccorso allo stato d'animo, la liberazione dal fastidio. Da parte loro, i messaggi televisivi ribadiscono con convinzione che storte, piccole slogature, semplici mal di schiena rappresentano il vero ostacolo alla felicità; la quale, fortunatamente, è riacquistabile istantaneamente utilizzando determinati prodotti. E infatti molti spot mostrano un'umanità dolente che rifiorisce sorridendo e si muove leggiadra, non appena il dolorino è stato cancellato. La felicità come liberazione da ogni minimo disagio.

Ma la lotta al disagio non si limita alla «minimalia» dei fastidi fisici o pseudo tali. Anche emozioni e stati d'animo «negativi» non possono essere tollerati, neppure occasionalmente. Noia, ansia, tristezza non sono considerati normali eventi passeggeri, ma visti come condizioni da sanare.

Due libri, in un certo senso molto vicini,* esemplificano

* A.V. Horwitz e J. Wakefield, *The Loss of Sadness. How Psychiatry Transformed Normal Sorrow Into Depressive Disorder,* Oxford University Press, 2007; G. Greenberg, *Storia segreta del male oscuro,* Bollati Boringhieri, 2011.

la storia della medicalizzazione di uno di questi stati d'animo: la tristezza. La quale, in quest'ottica, non è ritenuta un occasionale e ineluttabile sentimento umano: bensì un problema da curare ed eliminare urgentemente. La conseguenza è che la tristezza, considerata dagli antichi uno stato d'animo normale e transitorio, nella nostra epoca viene tramutata in depressione. Ovviamente con la complicità delle case farmaceutiche che, grazie al mercato degli psicofarmaci, ottengono guadagni da capogiro. Naturalmente gli autori non sostengono che la depressione quale reale problema medico non esista. Non affermano che tutti i casi curati come depressione non siano altro che forme di tristezza o disagio con cui l'uomo della nostra epoca non sa più rapportarsi. La «vera» depressione – anche secondo loro – esiste, ma l'attuale «epidemia» di depressione sarebbe invece espressione dell'incapacità (e del rifiuto culturale) di convivere con uno stato d'animo spiacevole. Ciò darebbe luogo a una continua richiesta di prodotti per sbarazzarsi artificialmente del disagio. Richiesta a cui le case farmaceutiche ottemperano con grande tempestività (e profitti).

Ansia, tristezza, senso di frustrazione, paura sono dette a torto emozioni «negative». A torto perché possiedono un'utilità pari a quelle cosiddette «positive»: esse sono importanti segnali. Ci avvertono, ognuna a modo suo, che qualcosa non sta funzionando.

Nella nostra cultura questo aspetto viene rimosso. Invece che all'ascolto di queste emozioni veniamo «educati» a sbarazzarcene immediatamente; pretendendo di sostituire all'istante il disagio con qualcosa di segno contrario. «Stare con» l'emozione spiacevole, accettarla viene visto come una sconfitta, quando in realtà è vero il contrario.

Sono convinto che la capacità di concepire il disagio e la sofferenza come qualcosa di inevitabile, che fa parte del gioco, sia una delle cifre che caratterizzano i campioni dello sport. È significativa a questo proposito la testimonianza di Roberto Ghidoni, il più grande atleta che il mondo abbia prodotto nelle corse in zone artiche,* più volte vincitore della Iditasport, una gara in autosufficienza di 1800 chilometri nell'inverno dell'Alaska, indubbiamente la gara di resistenza più difficile al mondo. Sono onorato di essere amico di Roberto da vari anni. Fin da quando lo incontrai la prima volta mi chiesi quale potesse essere il fattore chiave in grado di spiegare le sue performance. Compresi subito che non si trattava di motivi fisici: nel periodo dei massimi successi Roberto aveva superato la cinquantina e – anche se dotato di un «motore» assolutamente non disprezzabile – non aveva nelle doti atletiche i suoi punti di forza. La sua forza è mentale. Ma siccome questa locuzione «forza mentale» è spesso usata senza sapere di cosa si parla, cerchiamo di capire meglio di cosa si tratta. Roberto è una persona straordinariamente resiliente: questa resilienza è legata a un preciso aspetto cognitivo. Cioè alla sua capacità di accettare il disagio inteso come evento ordinario e non come esperienza destabilizzante. Ciò lo porta a sviluppare un senso di autoefficacia straordinario.

Questa caratteristica non è un dono della genetica; essa si radica nelle sue esperienze quotidiane di agricoltore

* La storia di Roberto Ghidoni è magistralmente narrata nel libro autobiografico *Il cammino del lupo*, Insigna Editore, 2006, ormai purtroppo quasi introvabile. Ho dedicato un ampio profilo biografico e psicologico a queta atleta in *Resisto dunque sono*. Le sue imprese in Alaska sono descritte nel film *Tracce*, di Marco Preti.

«eroico» poiché radicato in zone montane dove la coltivazione e l'allevamento sono particolarmente difficoltosi. «Tu pensa alla mia giornata tipo» mi spiega. «Falcio sei ore la mattina. Arrivo a casa stanco, mangio e poi rivolto il fieno perché si asciughi bene e poi lo rivolto ancora. Il giorno dopo di nuovo, lo faccio su a mucchi, poi la sera lo copro. Tutto questo per due giorni, a volte anche per tre. Alla fine lo distendo perché sia perfettamente asciutto e possa portarlo via. Quando finalmente tutto è pronto, *tac*, arriva la pioggia e me lo rovina. Hai capito? E lì hai due modi di reagire: o ti incazzi e lo bruci. Oppure ricominci tutto da capo come una formichina. Ecco: io l'ho fatto per trent'anni questo ricominciare come una formichina. Per cui, là in Alaska, ero super-abituato a provare un disagio. Me lo aspettavo. Era una cosa normale. La mattina uscivo dal checkpoint e c'era un metro di neve fresca da battere: va bene, allora la neve mi darà il passo. La mettevo così nella mia testa. La neve mi darà il passo: *tuc... tuc... tuc...* Ci metterò quindici minuti a fare un chilometro. E vado avanti.»

Roberto ci insegna che se le nostre aspettative sono irrealistiche, la nostra motivazione crollerà al primo imprevisto. Quando non ce li aspettiamo, l'imprevisto o il disagio demotivano. Ma se li accettiamo fin dall'inizio come parte inevitabile del gioco, allora sappiamo ricominciare. In questo modo non perdiamo mai la motivazione. «Mi ricordo di grandi biker [l'Iditasport è aperta sia a concorrenti a piedi che muniti di mountain bike con speciali pneumatici]» prosegue Roberto, «provenienti da squadre professioniste, gente blasonata... là se trovi una situazione favorevole dal punto di vista della compattezza della neve, in un attimo copri grandi distanze, se no scendi dalla bici e spingi... ecco, mi ricordo questi grandi biker infuriarsi e imbestialirsi di fronte al disagio. È un atteggiamento stupido. Come puoi pretendere di venire in Alaska e di trovare una traccia ben battuta come fosse l'asfalto del Tour de France? Basta che venga un'ora di vento e della traccia non rimane più niente. E questa gente si ritirava perché non reggeva il disagio, l'imprevisto, ancor prima di essere spossata fisicamente.»

La ricerca sperimentale conferma l'esperienza di Roberto; essa dimostra che le aspettative errate sulla sofferenza producono più danni alla prestazione della semplice accettazione del disagio. Se mi aspetto di fare poca fatica – o di non vivere il disagio – troverò molta più difficoltà a gestire la sofferenza imprevista: come i ciclisti professionisti di cui parlava Roberto che, in modo totalmente irrealistico, si aspettavano che tutto sarebbe filato liscio senza considerare il contesto in cui si trovavano. Se invece metto in conto di soffrire, riuscirò ad accettare questo stato e a gestirlo molto meglio.

Due ricercatori della Wake Forest University hanno dimostrato che la percezione di affaticamento è influenzata dalle nostre aspettative sulla durata temporale dello sforzo. In un esperimento, veniva detto ai soggetti posti su cicloergometri che dovevano pedalare una ventina di minuti e veniva misurata la loro percezione di affaticamento. Al termine del tempo previsto, a sorpresa, veniva comunicato che c'era stato un disguido e che quindi avrebbero dovuto rifare il test, pedalando per altri venti minuti. Sorprendentemente, a parità di watt di pedalata e di impegno cardiovascolare, i soggetti percepivano un livello di affaticamento molto maggiore durante questa sessione imprevista.*

* W.J. Rejeski et al., *Expected Task Duration and Perceived Effort: An Attributional Analysis*, in *Journal of Sport Psychology*, 2, 1980, pp. 227-236.

Una precisazione: aspettarsi la sofferenza o il disagio non è un invito al pessimismo. Abbiamo visto che il pessimismo è una falsificazione del mondo reale, un aggiungere ai fatti qualcosa che nei fatti non c'è. Ma anche aspettative come la pretesa di poter sfuggire eternamente alla sofferenza, sono inganni. Pessimismo e ottimismo illusorio si toccano: sono due espressioni della stessa trappola cognitiva.

È strano, ma la trappola cognitiva rappresentata dall'illusione di poter sfuggire al disagio (invece di lavorare per riuscire ad accettarlo) scatta ovunque, perfino nella psicologia dello sport. Gran parte delle tecniche più diffuse nel settore nascono sotto il segno di questa illusione: per esempio, allenarsi a visualizzare se stessi mentre si taglia freschi e sorridenti il traguardo può essere rischioso se ci fa dimenticare che probabilmente non arriveremo per nulla freschi e sorridenti. Il crollo dell'illusione avrà un prezzo salato, che si rischia di dover pagare senza sconti nel bel mezzo della gara. Tutte le tecniche finalizzate alla soppressione degli stati interni negativi (ripeti con me: «Sono forte e tutto va bene, sono forte e tutto va bene...») sono allo stesso modo illusorie se pretendono di poter evitarci il contatto con la sofferenza. Non solo non riescono a tenerla lontano, ma ci rendono ancora più vulnerabili nel momento in cui entriamo in contatto con essa.

Esistono delle tecniche fai-da-te per migliorare il proprio senso di autoefficacia? Ci si può allenare da soli per rendere più efficace la propria valutazione cognitiva, sbarazzandosi dei sabotatori interni? La risposta è un «sì», ma con molti distinguo. La verità è che non abbiamo formule magiche o nozioni teoriche che facciano scattare senza fatica il cambiamento: come in quelle riviste che – per farsi comperare – ti promettono felicità, autostima, dimagrimento e liberazione dall'ansia in cinque semplici mosse. L'aspettativa di poter cambiare senza fatica e senza una forte intenzione è anch'essa una trappola cognitiva.

Per capire quali sono e come lavorano i metodi di cambiamento, facciamo un passo indietro. Abbiamo visto che i fattori mentali fondamentali su cui lavorare per disattivare i sabotatori interni sono essenzialmente due:

1. *La capacità di imparare a non reagire ai contenuti della mente come fossero realtà.* La nostra mente è costantemente occupata da una proliferazione di pensieri, preoccupazioni, fantasie, giudizi – un'attività spontanea su cui abbiamo uno scarso controllo. Noi non scegliamo i pensieri che si presentano alla nostra mente, se non in rari momenti di concentrazione o di creatività. Tuttavia, mentre è illusorio pensare di governare (nel senso di tacitare) questa agitazione, è possibile distanziarsene: vale a dire evitare di identificarsi con i pensieri, di reagire a essi, innescando comportamenti, emozioni e manifestazioni fisiche. Confondere i pensieri con gli eventi reali produce, infatti, conseguenze concrete, anche se non sempre ne siamo consapevoli. Proviamo però a pensare alla persona che soffre di attacchi di panico. Reagendo in modo allarmato alle inquietudini che le attraversano la mente, innesca delle reazioni fisiche reali: il battito accelera, il respiro diventa affannoso... A loro volta, le sensazioni fisiche vengono rilette come conferma delle inquietudini, rafforzando così il processo. Alla fine l'attacco di panico si scatena. Ma questo processo non è dissimile da altri che continuamente avvengono, sebbene in modi meno eclatanti: come quando un semplice pensiero o ricordo – slegato dal momento presente

– riesce a cambiarci lo stato dell'umore, o a farci provare emozioni avulse dal contesto in cui ci troviamo. Come quando proviamo rabbia nel presente ripensando alla risposta che un collega ci ha dato due giorni prima.

2. *La capacità di accettare di stare con ciò che c'è qui-e-ora, anche quando il presente ha la forma del disagio o della sofferenza.* «Accettare» non significa – se c'è sofferenza – evitare di combattere le cause che la producono. «Accettare» non significa acconsentire a eventi, situazioni o comportamenti che producono dolore o umiliazione. «Accettare» significa semplicemente cessare una lotta inutile dentro la tua testa per cercare di modificare, controllare e cambiare i tuoi pensieri o le tue emozioni quando esse sono spiacevoli. Se provi disagio perché hai un dente cariato, vai dal dentista. Invece, arrabbiarsi o maledire la tua cattiva sorte è del tutto inutile: il tuo dente non guarirà. Eppure noi ci arrabbiamo lo stesso perché reagiamo al disagio con modalità automatiche: modalità il cui unico scopo è farci evitare il contatto con qualsiasi forma di sofferenza. Ma che spesso si rivelano disfunzionali perché accentuano la sofferenza stessa: come una persona che reagisce al dolore contraendo ancora di più la muscolatura.

Ogni inverno organizzo dei corsi dove una delle esperienze principali è quella dell'immersione nell'acqua gelata. Ispirato al Toumo tibetano, questo esercizio non ha ovviamente la pretesa di insegnare una pratica che richiede la consacrazione di una vita. È «solo» un'esperienza, ma è ricchissima di insegnamenti per chi non ha paura di coglierli. Rompiamo il ghiaccio nelle pozze di un torrente e le persone si avvicinano all'acqua camminando sui sassi.

Spesso la temperatura esterna raggiunge i dieci gradi sotto lo zero, se non meno. L'impronta dei piedi bagnati sui sassi si solidifica all'istante. Appena comincia l'immersione, la mente reagisce in maniera automatica con il panico. Essa è stata infatti «educata» per anni a sfuggire a qualsiasi forma di disagio: il freddo è per l'appunto un disagio. Di norma le nostre case sono riscaldate eccessivamente e noi ci copriamo sempre troppo al minimo accenno di freddo: non si sfugge più al gelo in una logica di sopravvivenza, ma in quella dell'annullamento di qualsiasi minimo fastidio. Eppure – se ne rende conto chi si immerge nel torrente – la sopravvivenza non è in gioco. L'acqua gelata non uccide all'istante,* anche se la mente reagisce come se così fosse: vorrebbe sottrarsi istantaneamente, come al contatto di una fiamma. Il praticante apprende così che negli eventi reali ci sono spesso margini di negoziazione. Ci si può adattare un pochino perfino al gelo. Il problema non sta nel corpo: sta nella nostra mente, che fatica ad accettare di stare in contatto con l'esperienza del disagio anche per pochi istanti.

Diventare consapevoli di quello che è reale rispetto a quello che è proliferazione mentale; accettare le sensazioni presenti, invece di cercare di sostituirle con produzioni immaginarie o risposte automatiche. Da millenni gli uomini lavorano su questi due fattori. Questo lavoro è infatti parte imprescindibile di qualsiasi approccio meditativo, o

* Ovviamente parliamo di persone sane e preparate. In questo caso il rischio è quello dell'ipotermia che però non subentra velocemente. In caso di controindicazioni di tipo medico invece, come le patologie cardiache, l'acqua gelata può uccidere all'istante. Sconsiglio di improvvisare queste esperienze e declino ogni responsabilità verso chi intraprendesse queste pratiche in modo improvvisato e fai-da-te.

– come si tende a dire oggi – di qualsiasi pratica Mindfulness-based.

Sono consapevole del fatto che la parola «meditazione» metta in moto una serie di difese nell'interlocutore. In molti il termine «meditazione» evoca misticismo o rituali esoterici, approcci stile New Age oppure fughe in esistenze meramente contemplative. Anche il termine Mindfulness non è scevro di fraintendimenti, perché, essendo più dotto e tecnico, può richiamare una conoscenza del tutto libresca e teorica; quando, in realtà, si tratta di praticare delle esperienze.

La meditazione non è conoscenza teorica, non è un rituale: è innanzitutto una pratica, una disciplina. Soprattutto una disciplina. È l'impegno continuo «per mantenere desta l'attenzione momento per momento» come dice Jon Kabat-Zinn, forse il più importante divulgatore in Occidente delle tecniche di meditazione, fondatore e direttore della Clinica per la riduzione dello stress presso l'Università del Massachusetts.

Cercavamo delle metodologie per migliorare il senso di autoefficacia e siamo finiti a parlare di meditazione. È vero che la meditazione cambia la valutazione cognitiva di chi la pratica e migliora grandemente il suo senso di autoefficacia; ma si tratta pur sempre di «effetti collaterali» rispetto a un cambiamento radicale che avviene nella persona. Allora, avvalersi della meditazione solo per conseguire delle finalità più «limitate» a qualcuno potrà apparire riduttivo. La meditazione in fondo dovrebbe rappresentare qualcosa di più ampio: una scelta di vita, qualcosa che accompagna la persona in tutti gli ambiti dell'esistenza. Io credo che questa apparente contraddizione non debba spaventarci: se la Mindfulness rappresenta una precisa scelta di vita e di valori, ciò non toglie che – senza svilirla – la si possa contestualizzare per applicarla ad ambiti più circoscritti. Anche l'aspettativa «o tutto o nulla» può essere una trappola cognitiva, un modo per procrastinare eternamente l'impegno. Attuare la Mindfulness con finalità e in contesti limitati può rappresentare l'occasione per iniziare un cambiamento generale. E comunque anche un cambiamento circoscritto è sempre meglio di nessun cambiamento. Quindi io consiglio di partire comunque: se non potete o non intendete consacrare la vostra vita alla pratica della meditazione, questo non vuol dire che non possiate ricavare dei benefici da una pratica parziale. Nessuno vi chiede di conseguire l'Illuminazione. Semplicemente, cercate di diventare più consapevoli dei vostri processi mentali, dei vostri sabotatori interni. E per evitare di essere velleitari, fatelo utilizzando un metodo e una disciplina..

Un buon esempio di applicazione circoscritta della meditazione è rappresentato dai programmi di allenamento mentale Mindfulness-based che stanno cominciando a diffondersi tra gli atleti. Nel lontano 1985 Jon Kabat-Zinn presentò a un convegno internazionale a Copenaghen quello che può considerarsi l'antenato di tutti i programmi di allenamento mentale Mindfulness-based attuali:* conservo orgogliosamente una copia di questa relazione – che non fu mai pubblicata – donatami da Kabat-Zinn stesso, con le correzioni manoscritte dell'autore. Da diversi anni utilizzo con gli atleti un programma che si chiama ULTRAMIND™ e che ho già descritto in *Resisto dunque sono*. Ho comin-

* Jon Kabat-Zinn, Bruce Beall: *A Systematic Mental Training Program based on Mindfulness Meditation to optimize Performance in Collegiate and Olympic Rowers*.

ciato a usarlo nel 1998 con la Squadra nazionale di Ultramaratona di allora, e da loro ha preso il nome. Molto lavoro è dedicato allo sviluppo delle capacità di attenzione che, come ricordava Kabat-Zinn, rappresenta l'essenza della meditazione e non solo perché l'attenzione e le aree cerebrali connesse ci permettono di non farci travolgere dalla proliferazione dei pensieri, ma anche per altri motivi che vedremo nelle prossime pagine.

4.3. Competenze volizionali: aumentare la capacità di «tenere duro»

Nessuno sostiene una lotta più dura di colui che cerca di vincere se stesso. Questo appunto dovrebbe essere il nostro impegno: vincere noi stessi, farci ogni giorno superiori a noi stessi e avanzare un poco nel bene.

Tommaso da Kempis

La perseveranza è il duro lavoro che fai dopo che ti sei stancato del duro lavoro che hai fatto.

Newt Gingrich

Dal 1983 a Prescott, in Arizona, si svolge annualmente la «Man Against Horse Race»: una sfida di corsa tra uomo e cavallo di 50 miglia (80 km). I risultati sono sorprendenti. Dal 1999, con la vittoria di Paul Bonnet, hanno cominciato a vincere regolarmente gli umani. Eppure i cavalli vengono allenati per mesi. Il percorso è montagnoso, il clima molto caldo, e i primi chiudono solitamente la gara sotto le otto ore. È una gara di gestione delle proprie forze e dei propri limiti. Il problema – dal punto di vista equino – sta proprio qui.

Il cavallo è molto più veloce dell'uomo, ma molto meno bravo nel gestire la fatica. Non dosa la velocità. Non ha molta consapevolezza di quanto stia consumando. È il fantino che deve gestirlo. Il rischio è che l'animale, superato un certo grado di fatica, crolli a terra subito.

Negli animali il problema non è da poco: quando essi hanno «dato tutto», metabolicamente parlando, si spengono. Raggiunto un certo livello di fatica, è come se scattasse una sorta di salvavita che spegne tutto per evitare che l'animale esaurisca completamente le energie. Il salvavita è un meccanismo che non può essere disattivato: è il mezzo con cui il cervello frena la periferia (i muscoli) in risposta ai segnali di allarme che provengono da lì.

Il salvavita preserva l'animale dal dilapidare tutte le energie metaboliche che, una volta consumate interamente, lo lascerebbero in balìa dei pericoli presenti nell'ambiente. L'esistenza del salvavita ha quindi una funzione biologica legata alla sopravvivenza.

Il fantino sa che le energie dell'animale vanno preservate, che trasportato dall'eccitazione della gara l'animale potrebbe andare troppo oltre, attivando il «salvavita» e per questo fa riposare il cavallo ogni tot chilometri. Di conseguenza il cavallo ha un andamento del tipo «tutto-nulla»: grande impegno fino a un attimo prima, poi riposo assoluto.

Anche l'uomo è dotato del salvavita. Eppure il cacciatore persistente ha dovuto imparare a forzare un pochino il servomeccanismo. Ha dovuto farlo perché – con un andamento del tipo cavallo, «tutto-nulla» – non avrebbe mai raggiunto l'antilope. Nell'uomo la spinta motivazionale eccede l'automatismo. Il cavallo è più forte, muscolarmente parlando, ma l'uomo lo supera perché ha imparato a forzare i meccanismi biologici tramite la volontà. Se gli umani non possedessero straordinarie capacità di gestione, nessuno finirebbe le utramaratone di 24 ore, o l'Ultratrail. Se gli uomini non avessero il potere di trascendere la sofferenza, di imporsi, di andare oltre, di dimenticare la fatica, avrebbero fatto ben poca strada.

Se gli uomini si autogestissero come fanno i cavalli, solo una percentuale minima riuscirebbe a terminare una gara di 100 chilometri; pochi individui dotatissimi geneticamente in senso muscolare. Allora sì che sarebbe questione di talento, così come oggi succede in atletica nei 100 metri.

Capire il funzionamento del salvavita presuppone un cambiamento rivoluzionario nella nostra visione del rapporto mente-corpo. Infatti la storia del cavallo ci insegna a non escludere il cervello dalle spiegazioni riguardanti la fatica e i limiti delle prestazioni atletiche. È il cervello il reale fattore che limita la prestazione atletica, non la periferia. Ma questo lo avevamo già capito tutti. Se la fatica fosse solo un problema periferico, di carburante nei muscoli, come spiegare le persone sfinite che riescono a fare lo sprint finale quando vedono lo striscione d'arrivo della maratona? Se la fatica fosse solo questione di benzina terminata, non dovrebbe essere possibile.

Allo stesso modo non riusciremmo a spiegarci come mai, a parità di battito cardiaco e di impegno muscolare, se superiamo qualcuno ci sentiamo meno stanchi di quando veniamo superati.

Il primo ad accorgersi dell'esistenza del salvavita fu il fisiologo giapponese Ikai.* Egli chiese ad alcuni soggetti di sollevare, attraverso contrazioni muscolari volontarie, un determinato peso sino all'incapacità di proseguire l'esercizio. Quindi, pose un elettrodo sui nervi motori interessati dal movimento: stimolandoli elettricamente riuscì a ottenere ulteriori sollevamenti. Quando anche con questo sistema le contrazioni cessarono, ne ottenne qualcun'altra ponendo gli elettrodi direttamente sul muscolo. Alla fine non fu più possibile ottenere ulteriori contrazioni in nessun modo: il vero limite periferico era stato raggiunto.

L'esperienza di Ikai dimostra l'esistenza di un «freno» a livello cerebrale che entra in azione ben prima che venga raggiunto il reale esaurimento muscolare. Il freno è presente sia nell'uomo che negli animali. Ma la volontà e la motivazione riescono, un pochino, a forzarlo.

Forse, se l'uomo è l'animale più resistente non lo è solo grazie agli adattamenti anatomici evidenziati da Bramble e Lieberman: lo è perché i due milioni di anni di caccia persistente hanno prodotto adattamenti cerebrali altrettanto importanti. *L'evoluzione umana ha portato allo sviluppo di aree specializzate che mantengono attiva la motivazione verso l'obiettivo, nonostante le difficoltà e la sofferenza presente.* Senza il loro aiuto il cacciatore persistente si sarebbe fermato molto prima di sfinire l'antilope. E noi ci saremmo estinti.

Le aree prefrontali del nostro cervello sono aree recenti piuttosto complesse. Esse servono sostanzialmente a tre cose:

* M. Ikai e A.H. Steinhaus, *Some Factors Modifying the Expression of Human Strength*, in *Journal of Applied Physiology*, 28 (1961), pp. 157-163.

1. sono tra le maggiori responsabili cerebrali del funzionamento dell'attenzione e della concentrazione;
2. danno un contributo importantissimo nel regolare le risposte emozionali, controllando l'amigdala e regolando anche le risposte neurovegetative legate alle emozioni (dal battito cardiaco alla sudorazione, alla temperatura cutanea);
3. regolano i comportamenti connessi all'autocontrollo e all'espressione della volontà.*

Fino a poco tempo fa pensavamo che la volontà fosse un concetto puramente filosofico. Oggi sappiamo che non è esattamente così. La volontà è un comportamento che dipende dal cervello. «Dipende» vuol dire che ogni atto di volontà comporta una modificazione misurabile nell'attività di aree cerebrali.

Suzanne Segerstrom dell'Università del Kentucky ha dimostrato che se a un gruppo di individui viene chiesto di non mangiare biscotti al cioccolato e di scegliere invece le carote crude, nel loro cervello compaiono chiari segni di attivazione delle zone prefrontali. Quando resistiamo a una tentazione, quello che «sentiamo» come sforzo di volontà è il lavoro compiuto dalle aree prefrontali che inibiscono (cioè frenano) gli impulsi istintivi delle zone più primitive del cervello. Queste zone ci farebbero allungare la mano sui biscotti al cioccolato. È come se Mr. Prefrontale

* J. Banfield, C.L. Wyland, C.N. Macrae, T.F. Munte & T.F. Heatherton, *The Cognitive Neuroscience of Self-Regulation*, in R.F. Baumeister & K.D. Vohs (a cura di), *Handbook of Self-Regulation*, New York, Guilford Press, 2004, pp. 63-83; E.R. Kandel, J.H. Schwartz, T.M. Jessell, *Principles of Neural Science*, McGraw Hill, 2000 (trad. it. *Principi di neuroscienze*, Editrice Ambrosiana, 2003).

intervenisse trattenendo il braccio: «Non puoi farlo, amico!» Come vedremo, lo sforzo per trattenere il braccio è solo in parte una metafora. Le aree prefrontali compiono davvero un lavoro dispendioso in termini di energia metabolica: esercitare la volontà, non «lasciarsi andare» è un comportamento importante per la sopravvivenza, ma rappresenta anche un costo elevato.

Le capacità volizionali e quindi il funzionamento delle aree prefrontali non sono uguali per tutti. Verso la fine degli anni Sessanta del secolo scorso, Walter Mischel della Stanford University sottopose un campione di bambini al «marshmallow test».

Ogni bambino entrava in una stanza, arredata con un tavolo e una sedia. Sul tavolo c'era un vassoio contenente i marshmallow. Mischel offriva subito un dolcetto, oppure, qualora il bambino avesse avuto la pazienza di aspettare mentre Mischel si allontanava per una telefonata, ne avrebbe potuti avere due al suo ritorno. Il ricercatore si assentava quindici minuti esatti. Alcuni bambini addentavano subito il dolce. Altri resistevano alcuni minuti. Il 30% resisteva per quindici minuti. Mischel e i suoi collaboratori hanno poi seguito i soggetti dell'esperimento fino all'età di trent'anni, analizzandone i risultati scolastici e lavorativi. E hanno notato che una minore resistenza alle tentazioni si correlava con risultati scolastici e professionali più bassi. Quanti invece avevano saputo rimandare più a lungo la gratificazione, avevano fatto più strada. «Di solito si pensa sia l'intelligenza a determinare il destino scolastico e professionale» spiega Mischel. «In realtà l'intelligenza è alla mercé della capacità di autocontrollo. Anche il bambino più intelligente ha bisogno di fare i compiti!»

Mischel, oggi alla Columbia University, ha ricontattato

le sue vecchie «cavie» e le ha sottoposte a una risonanza magnetica funzionale che negli anni Sessanta non esisteva. Gli studi hanno mostrato che i risultati al marshmallow test si correlano a differenti gradi di coinvolgimento delle aree prefrontali.

Esiste un legame, sebbene non subito evidente, tra le funzioni prefrontali di resistenza alle tentazioni e quelle di gestione dell'attenzione. Per comprenderlo, facciamo un esempio pratico: durante una corsa, una persona vorrebbe fermarsi perché sfinita. L'interno del corpo continua a inviargli messaggi di allarme che in sostanza dicono: «Fermati!» Le sue aree prefrontali, però, combattono l'invitante tentazione a sdraiarsi per terra e dichiarare forfait. Come avviene l'intervento delle aree prefrontali? Spostando l'attenzione: come il bambino combatte la tentazione di agguantare i marshmallow guardando altre cose o pensando ad altro, così l'atleta in crisi si concentra sul compito motorio o si distrae: in entrambi i casi, si evita di prestare attenzione alle sirene dell'oggetto della tentazione.

Del resto tutti i vecchi allenatori sanno benissimo che a un calo di concentrazione corrisponde un calo del ritmo, che i momenti di crisi sono correlati alla perdita del focus attentivo.

Apro una breve parentesi tecnica: questa dinamica è identica sia che un atleta stia correndo brevi distanze ad altissima intensità (penso alle gare tipiche del mezzofondo), sia che sia impegnato in gare lunghissime come l'ultramaratona. Ecco perché è utile all'atleta specialista in distanze lunghissime allenarsi ogni tanto anche in prove brevi ma molto intense: se da un punto di vista fisiologico la cosa non ha alcuna utilità per lui, esercita le sue aree prefrontali a mantenere la motivazione nonostante la sofferenza.

Nelle gare molto lunghe si verifica un problema ulteriore: il lavoro compiuto dalle aree prefrontali ha un costo metabolico elevatissimo. Si pensi che nella nostra specie il peso del cervello rappresenta circa il 2% dell'intero peso corporeo, a fronte di un consumo energetico che raggiunge il 20% del totale, contro il 9% dello scimpanzé. Come hanno dimostrato Gailliot e Baumeister in uno studio molto interessante,* esercitare la volontà consuma glucosio in maniera enorme.

Il calo del glucosio disponibile a livello cerebrale attiva il salvavita. Il cervello blocca la macchina anche se a livello periferico, nelle fibre muscolari, il glucosio è ancora presente. Quindi l'ultramaratoneta vive a un certo punto una specie di paradosso: calando il glucosio aumenta la fatica e per andare avanti l'atleta deve mobilitare pesantemente la volontà, cioè le aree prefrontali. Queste però, a loro volta, richiedono grandi quantità di glucosio per funzionare. L'atleta quindi entra in uno stato permanente di crisi, dove l'unica via di salvezza è rappresentata dalle sue capacità di gestione tecnica e psicologica.

Nelle ricerche svolte per l'Università di Verona al Tor des Géants, affiancati anche dagli atenei di Losanna e Liverpool, nonché dal Centro di medicina di Montagna di Aosta, appare evidente che gli atleti esperti riescono a mantenere più attive le aree prefrontali nonostante l'affaticamento, la deplezione del glucosio e la deprivazione da sonno.** Il loro cervello è così allenato e forte da limitare in

* Matthew T. Gailliot e Roy F. Baumeister, *The Physiology of Willpower: Linking Blood Glucose to Self-Control*, in *Personality and Social Psychology Review*, 11 (2007), 303.

** P. Trabucchi, *Save the Mind and Finish the Race*, studio preliminare pre-

entrata persino le percezioni legate al dolore. I due milioni di anni di caccia persistente hanno plasmato i lobi frontali creando uno strumento incomparabile.

Come si allenano le capacità volizionali? Anche qui l'aspettativa nella ricetta magica è un autosabotatore. Non ho formule miracolose. Migliorare questo aspetto della resilienza è innanzitutto una disciplina: richiede un cambiamento generale di atteggiamento che, se possibile, andrebbe coltivato fin dalla più tenera età, come ben ci insegnano gli esperimenti di Mischel. Del resto le occasioni per esercitare la volontà non mancano nella vita quotidiana, tutti noi lo sappiamo bene...

Fatta questa doverosa premessa, voglio anche sottolineare che – come abbiamo visto – tutto quello che comporta l'esercizio dell'attenzione migliora anche la funzionalità delle aree prefrontali: dunque la pratica della Mindfulness o meditazione che la si voglia definire, la pratica della concentrazione, gli esercizi sul focus attentivo rappresentano altrettanti strumenti utilissimi. È ovviamente riduttivo decidere di praticare la Mindfulness, che vuol dire in fondo inserire un cambiamento radicale di prospettiva nella propria vita e nei propri valori, solo per migliorare la funzionalità delle aree prefrontali. Ma la via del cambiamento e della crescita personale può anche approfittare di questa circostanza. Con gli atleti della Nazionale di Ultramaratona, per migliorare la capacità di sopportare la sofferenza utilizziamo dei protocolli di esercizi sulle capacità attentive, unite a speciali esercitazioni durante l'allenamento atletico e all'impiego del neuro-feedback, ovvero la

sentato al IV International Congress «Mountain, Sport & Health», novembre 2011.

tecnica che utilizza in tempo reale le informazioni derivanti dal cervello dell'atleta (mediante un'elettroencefalografia) per insegnargli a modulare in maniera più efficace il funzionamento del suo sistema nervoso centrale.

Punti chiave

- Esistono due tipi di demotivazione. Quella da basso senso di autoefficacia, che mi impedisce di raggiungere gli obiettivi desiderati perché me li fa apparire impossibili. E quella da scarse capacità volizionali: qui so di poter raggiungere l'obiettivo «se volessi», ma non ho abbastanza disciplina, o non sono disposto a faticare per farlo. Se si vuole alzare la resilienza personale, cioè la capacità di far durare la propria automotivazione, bisogna lavorare su tutti e due i fronti: alzare il senso di autoefficacia, e aumentare le capacità volizionali (o capacità autoregolative).
- Il senso di autoefficacia si sviluppa attraverso le esperienze di successo: più successi ottengo, più mi sento bravo e capace, più sono motivato a fare. Un problema più sottile, però, si verifica quando permettiamo NON alle esperienze reali, ma ai nostri «sabotatori interni» di prevalere. I «sabotatori interni» sono processi cognitivi disfunzionali: sono credenze, convinzioni, interpretazioni della realtà false e/o limitanti a cui aderiamo in modo automatico. In questi casi il nostro senso di autoefficacia si abbassa perché ci sabotiamo da soli.
- Un auto-sabotatore che permea l'intera nostra cultura è l'aspettativa che sia possibile sfuggire

eternamente all'incontro con qualsiasi tipo di disagio o di emozione negativa. Tale aspettativa in realtà ci porta a soffrire ancora di più. La Mindfulness ci insegna a distinguere tra la realtà e i nostri pensieri e ad accettare di condividere con quello che c'è, disagio compreso. Molti atleti la utilizzano (anche) per controllare i sabotatori interni.

- In alcune parti del mondo vengono organizzate corse uomo-contro cavallo. L'animale è senza dubbio muscolarmente più forte e molto più veloce, eppure sulla lunga distanza l'uomo prevale. Il suo vantaggio sta in una gestione dello sforzo decisamente migliore su base motivazionale. *L'evoluzione umana ha portato allo sviluppo di aree specializzate che mantengono attiva la motivazione verso l'obiettivo nonostante le difficoltà* e *la sofferenza presente*. Le aree prefrontali sono aree del nostro cervello piuttosto complesse. Servono sostanzialmente a tre cose: regolano il funzionamento dell'attenzione; contribuiscono a regolare le risposte emotive e regolano i comportamenti connessi all'autocontrollo e all'espressione della volontà. La ricerca dimostra che queste aree si attivano e possono crescere in risposta a determinati stimoli. Ogni volta che esercitiamo uno sforzo di volontà le alleniamo.

Parte terza

Sostenere resilienza e motivazione nelle organizzazioni

Capitolo 5

Primum non nocēre. Le condizioni che sostengono l'automotivazione nelle organizzazioni e in famiglia

Se è vero che i supermotivatori sono una leggenda, è altrettanto vero che di grandi demotivatori ne esistono tantissimi. Eccome. La vera motivazione – quella più duratura e tenace – è individuale e nessuno può indurla magicamente dall'esterno. Ma le condizioni organizzative giocano un ruolo importante nel sostenere – o nel distruggere – la motivazione individuale. A mio parere i punti fondamentali sui quali i gruppi e le organizzazioni devono lavorare per conservare e facilitare l'automotivazione dei propri membri, sono quattro:

1. curare la «manutenzione delle relazioni» (regolare il clima emozionale);
2. far sentire capaci (dare fiducia e riconoscere le competenze);
3. lasciare autonomia-non essere prescrittivi;
4. presidiare la comunicazione.

In questo capitolo li esamineremo uno per uno.

5.1. Le lezioni continuano: la manutenzione delle relazioni

Costa meno cambiare la relazione che le persone.

6° 08′ S 39° 19′ E, Zanzibar, gennaio 2002

Bruno sostiene di aver già contratto il mal d'Africa. Però «alla rovescia». Il vero mal d'Africa consiste, una volta tornati a casa, nello struggersi di nostalgia per il continente nero. «Alla rovescia» significa che uno ha appena messo piede in Africa, e già non vede l'ora di tornare indietro. Il vecchio monomotore romba sulla pista per prendere lo slancio: siamo a Zanzibar, Tanzania, l'isola dei mercanti di schiavi, a meno di cento chilometri dalle coste dell'Africa equatoriale. La fusoliera sussulta in modo inquietante e non ci è dato di capire se sia un fatto fisiologico, oppure il preludio della catastrofe: nel dubbio i pochi passeggeri fanno scongiuri e compiono gesti irripetibili. Poi finalmente il rottame riesce a battere la forza di gravità, e la cabina è percorsa da respiri di sollievo; i visi si distendono e le gambe si allungano sotto i sedili. E pensare che neanche dodici ore prima abbiamo lasciato una Malpensa nebbiosa: ora sotto di noi si dispiega in tutto il suo splendore l'oceano Indiano. «Noi» chi? Siamo in cinque, e siamo in Africa con una precisa missione: battere il record di salita e discesa della montagna più alta del continente, il leggendario Kilimanjaro, che sfiora i seimila metri. A dire il vero, uno solo di noi ha questo compito e non è difficile capire chi sia: tra salita e discesa, la classica via di salita (chiamata «via Marangu») copre circa ottanta chilometri, una vera e propria ultramaratona. Con l'aggravante di comprendere anche oltre 4000 metri di dislivello positivo e il non trascurabile particolare di raggiungere i 5895 metri di quota. Quanti al mondo possono solo osare pensare di fare tutto ciò a tempo di record? Credo che siano pochissimi, e forse ne esiste uno solo; si tratta di questo signore seduto di fianco a me, quello che prima lamentava il mal d'Africa al rovescio: Bruno Brunod, già campione del mondo di skyrunning,* nonché recordman del Cervino, dell'Aconcagua, del Monte Rosa. Discretamente, con la coda dell'occhio, osservo Bruno seduto dall'altra parte della carlinga; è lì che guarda la foto dei figli e della moglie che un momento prima, forse nell'acme del panico aviatorio, ha estratto dal portafoglio. Guardate quest'uomo con il viso segnato dalle intemperie e un modo di fare gentile e cortese con tutti, potreste mai immaginare che è uno sportivo di livello mondiale?

Eppure lo è, anche se – sotto molti aspetti – Bruno rappresenta l'antitesi dell'atleta professionista. Prima di tutto perché non è un professionista dal punto di vista economico. Bruno corre per passione. Per il resto, per otto ore al giorno, Bruno fa il muratore. Il tempo che rimane lo dedica alla famiglia. Le ultime briciole, quelle tolte al sonno, le concede all'allenamento. In pratica si allena all'alba, prima di andare in cantiere; e al termine della giornata, quan-

* Lo skyrunning è una disciplina che si differenzia dalla corsa in montagna tradizionale per i notevoli dislivelli previsti in gara, la presenza di difficoltà tecniche spesso al limite dell'alpinismo e per l'ambientazione in alta quota. Oggigiorno viene considerata una specialità all'interno del più vasto universo del *trail running*, ovvero la corsa in ambiente naturale. Brunod ha vinto il titolo mondiale nel 1996 e nel 1998.

do è già buio, si concede «un ripasso», un altro breve allenamento. Ciò detto, va forte, e non siamo nel campo dei miracoli della chimica.

E allora, qual è il suo segreto? In effetti un segreto forse c'è, e credo – dopo tanti anni – di averlo capito: al pari di molti animali africani, Bruno appartiene a una specie in via d'estinzione. Anzi, dovrebbe essere estinto da un pezzo ormai, perché non appartiene più al nostro tempo; questa specie di fossile proviene da un passato per noi lontano, ma che lui è stato costretto a vivere dalle circostanze della vita. È uno che fino a nove anni non ha avuto la corrente elettrica in casa; e invece di vetri, cellophane alle finestre. Uno che, anche se bambino davanti alla legge, d'estate o con la neve doveva comunque scendere dall'alpeggio in paese per fare un carico di provviste, o di mattoni, o di legna, ritornando su velocemente; la sua infanzia l'ha passata stando giorni interi da solo con le mucche al pascolo. È evidente che un individuo così non può che avere con la fatica un rapporto diverso dal nostro; non lo spaventano né privazioni né sacrifici; possiede un inesauribile spirito di sopportazione. E in un'impresa come questa, sul piatto della bilancia conta sì il motore, ma conta tantissimo anche la capacità di soffrire, l'esperienza, l'abilità nel gestirsi.

Un volo di linea ci ha condotti fino a Zanzibar, e ora questo catorcio ci sta portando ad Arusha, la città più grande intorno al Kilimanjaro National Park. Da qui raggiungeremo Moshi, al limitare del Parco. Vicino a noi è seduto Ettore. Un valdostano anche lui, che ha fatto, così ci assicura, «una vita simile a quella di Bruno, ma un po' più agiata». È anche lui un atleta, è stato il primo campione nella storia del movimento skyrunning, prima che Bruno cominciasse a correre. Ma è qui, in un certo senso, per dare anche lui una mano a Bruno. Vuole tentare il record del Kilimanjaro partendo dall'ultimo rifugio sino alla vetta. Ma in realtà, sa che lui è lì per tirare Bruno negli ultimi chilometri della sua fatica, e poi lo abbandonerà per fare la sua corsa solo sotto la vetta.

Oltre a me, ci accompagnano due amici: Antonio Carrel e Stefano Mattiotti. Questa volta infatti, memori della lezione dell'Aconcagua, abbiamo deciso di creare un team fondato su relazioni significative, di tipo amicale. Pensiamo, molto semplicemente, che se c'è un buon clima emotivo nel gruppo le persone sopporteranno più facilmente stress e disagi.

Ovviamente qui a bordo non c'è nessuna hostess con il vassoio del pranzo; per fortuna Ettore tira fuori dal bagaglio le banane comperate all'aeroporto. Il pilota si sporge indietro e ci diffida minacciosamente dal buttare a terra le bucce: cerchiamo di spiegargli che quelle sul pavimento sono state lasciate dai passeggeri del volo precedente. Poi, pur di farlo tornare ai comandi, ci mettiamo tutti a far finta di ripulire l'abitacolo. Passiamo il resto del volo a guardare fuori dai finestrini, con la speranza di veder comparire il grandioso Kilimanjaro, che in teoria abbiamo sorvolato ma che non vediamo, vuoi per le nuvole vuoi perché affacciati dalla parte sbagliata... Atterrati in modo piuttosto fortunoso ad Arusha, realizziamo che nessuno è venuto a prenderci e che siamo stati abbandonati in mezzo all'Africa equatoriale a novanta chilometri dall'albergo. Albergo, in quel di Moshi, che infine riusciamo a raggiungere al tramonto e che si rivela la più grande riserva naturale del continente in fatto di bacherozzi giganti...

Imprecazioni e ripetuti colpi di scarpa sul muro, provenienti dalla stanza a fianco, mi confermano che anche Bruno ha fatto conoscenza con la fauna locale; un signorile distacco, invece, si sprigiona dalle altre stanze. Presto, vinti dalla stanchezza, cadiamo tutti in un sonno profondo. Il mattino dopo, a bordo di un fuoristrada, filiamo verso l'ingresso del Kilimanjaro National Park. Nei quaranta chilometri di salita, il tragitto attraversa ecosistemi via via differenti: giungla all'inizio, poi savana, infine deserto lavico in alta quota. L'ascensione non comporta difficoltà tecniche, ma è faticosa a causa dell'altitudine.

In tre giorni raggiungiamo la cima, ispezionando tutto il percorso che si snoda attraverso i rifugi Mandara, Horombo e Kibo. Siamo finalmente riusciti ad arrivare a capo di questa lunghissima via di salita; abbiamo verificato di persona l'effetto della quota e le difficoltà del percorso. Gestire l'assistenza su un percorso così lungo essendo solo in tre non è sicuramente agevole.

Il clima – emotivamente parlando – è comunque ottimo. Nessuno si lamenta anche se si tratta di risalire due volte consecutive in vetta: la prima, d'accordo, è un'emozione. La seconda è una fatica. Ma dobbiamo perlustrare bene la zona e trasportare una serie di cose. Si decide che Ettore aspetterà Bruno al rifugio Kibo e poi partiranno insieme; Ettore cercherà di «tirarlo» nei pezzi più duri, fino all'orlo del cratere. Poi si staccherà per tentare il «suo» record. In ogni caso, a ogni rifugio, Bruno dovrà firmare il registro delle presenze tenuto dagli ufficiali del Parco per testimoniare il suo avvenuto transito, e l'ora del passaggio. All'interno del piano «X» le previsioni di questi tempi rivestono una importanza cruciale. Mattiotti e Carrel possono comunicare tra loro con due cellulari, e i tre rifugi si tengono in contatto via radio; ma chi è in cima resta isolato dalle comunicazioni. Può solo aspettare. Ma quanto? E se Bruno per qualche ragione si dovesse ritirare? Chi ci avvertirà? E se invece fosse solo in ritardo sulla tabella di marcia? Abbiamo una tenda, ma quante ore possiamo aspettare lassù? E se il meteo peggiora, dobbiamo aspettare ancora o scendere? Cerchiamo di fare una tabella realistica dei tempi di passaggio; il record ufficiale esistente, appartenente a due californiani, è di 23 ore per salire e scendere. Esiste poi un record ufficioso di circa 18 ore, di alcune guide della montagna, tra cui la guida John, uno dei nostri accompagnatori. Queste guide sono scettiche, molto scettiche nei confronti delle possibilità di Bruno.

Ed eccoci nel gran giorno di nuovo in cima ad aspettare. Ai nostri piedi l'Africa si estende all'infinito in ogni direzione. L'aria è calma, c'è poco vento e, in rapporto alla quota, fa decisamente caldo. Il cronometro scorre, i thermos con il tè caldo sono pronti, i carboidrati liquidi e le barrette sono al calduccio nella biancheria intima (avete mai provato a mordere una barretta quando è ghiacciata?). Conoscendo i gusti di Bruno, un panino è pronto in una tasca. Sono le 11.00 e Jennadi – l'ufficiale con funzioni di cronometrista – sonnecchia. Dalla cima dove siamo non è visibile l'intera cresta sottostante; per averla meglio sotto controllo bisogna scendere un po' e sporgersi. Improvvisamente appare in fondo, all'imbocco della cresta, una figura che avanza a passo di carica. Anche senza binocolo è inequivocabilmente Ettore. In pochi minuti è in cima. Mentre Jennadi registra il tempo, Ettore firma il famigerato documento ufficiale: poi riesce appena a dire «Bruno sta arrivando. Ciao» e si scaraventa giù. Per la cronaca, Ettore chiuderà la sua fatica in 1h:49' per salire e scendere un percorso che agli alpinisti «normali» richiede dalle 8 alle 12 ore... Il cuore non ha ancora avuto il tempo di scendermi dal palato che arriva Bruno. Possibile che sia già qui? Eppure... Jennadi e io facciamo salti di gioia. Eccolo qui, tranquillo come se venisse da due giri intorno all'isolato. Ha impiegato 5 ore e 38 minuti a salire, un'ora in meno del previsto. «*Eh, Dze si un zo lagnà* (Eh, sono un po' stanco!)» borbotta in patois, quasi per scusarsi di averci fatto aspettare. La firma di rito, una bella bevuta e anche lui scompare velocemente.

Scopriamo dopo che gli si era bucato il camelbak quasi all'inizio e così aveva perso tutta la riserva d'acqua. Una persona normale avrebbe rinunciato o per lo meno avrebbe chiesto ai Ranger sul percorso di rifornirlo. La prima ipotesi Bruno l'aveva scartata subito. La sua motivazione non aveva vacillato neppure un istante. Quanto alla seconda opzione sembra che qualche tentativo l'abbia fatto, ma non parlando inglese non era stato compreso. Anzi, sembra che un Ranger si sia addirittura arrabbiato perché il suo zaino gocciolava acqua da tutte le parti sul pavimento di uno dei rifugi. Bruno l'ha mandato al diavolo e ha ripreso a correre rinunciando a bere.

Al suo arrivo – mi hanno raccontato – le guide più scettiche si sono prostrate ai suoi piedi. Il tempo con cui ha chiuso è incredibile: 8h:34':52".* La notizia è stata riportata anche dai quotidiani nazionali della Tanzania. Con il ritorno a casa Bruno ed Ettore hanno ripreso la solita vita. Abbiamo saputo che questa impresa è stata prontamente inserita tra gli eventi sportivi dell'Anno Internazionale del-

* Nel 2011 questo record è stato battuto dal giovane spagnolo Kilian Jornet Burgada. I tempi cambiano, entrano in gioco veri professionisti, iper-organizzati e sostenuti da media e sponsor. Lo spagnolo ha dichiarato in varie interviste di ispirarsi a Bruno, che per lui rappresenta un punto di riferimento eroico.

la Montagna (2002), ufficialmente inaugurato qualche giorno dopo il ritorno della spedizione al Palais S. Vincent, a due chilometri da casa di Bruno. Raccontano che la buvette del Palais fosse uno sfavillio mondano di politici locali, gente di spettacolo, ex atleti e altri personaggi che realmente nulla hanno a che fare con la montagna: in questo tripudio di bicchieri levati e mascelle trituranti nessuno ha ovviamente pensato di invitare Bruno.

Qual è la lezione ricavabile da questa storia? Apparentemente un'ovvietà: che se tra esseri umani che condividono un progetto esiste un rapporto di amicizia, le cose funzioneranno meglio. Le persone si demotiveranno più difficilmente di fronte alle difficoltà e saranno meno sensibili allo stress.

Empiricamente sappiamo che in effetti è così. In un gruppo dove le relazioni personali sono ottime, è difficile perdere la motivazione, e si è meno sensibili allo stress.

Già, ma come mai?

Gli esseri umani si influenzano vicendevolmente per quanto riguarda lo stato emozionale. Una persona allegra mette «di buon umore» gli astanti. Il capo arcigno demotiva i collaboratori. Un allenatore ansioso il giorno della gara tenderà a caricare di ansie i propri atleti. Elaine Hatfield definisce questo processo «contagio emotivo».* Le basi neurologiche del contagio emotivo sono diventate comprensibili grazie alla scoperta dei neuroni specchio** e alla concezione del sistema limbico come sistema aperto.

* E. Hatfield, J.L. Cacioppo & R.L. Rapson, *Emotional Contagion. Current Directions* in *Psychological Sciences*, 2, (1993), pp. 96-99 (*Il contagio emotivo. L'incidenza delle emozioni nei rapporti con gli altri*, San Paolo Edizioni, 1997).

** V. Gallese, P. Migone, M.N. Eagle, *La simulazione incarnata: i neuroni*

Oggi sappiamo che il sistema limbico, uno dei principali regolatori della nostra vita emozionale all'interno del cervello, è un sistema aperto: la sua regolazione, cioè, non è esclusivamente basata su meccanismi interni, ma anzi dipende soprattutto da quanto accade fuori di noi. Il sistema limbico è regolato dai segnali che provengono dai neuroni specchio. Le espressioni facciali altrui come la tristezza o la gioia, il modo di muoversi di una persona, la sua postura tendono a farci vivere una risposta emotiva congruente. Come scrive Daniel Goleman, uno dei massimi esperti mondiali di empatia e intelligenza emotiva: «Gli scienziati descrivono il circuito aperto come una regolazione limbica interpersonale con la quale un individuo trasmette segnali in grado di modificare i livelli ormonali, le funzioni cardiovascolari, i ritmi sonno-veglia e persino la funzione immunitaria di un'altra persona».* Questa è la spiegazione scientifica del perché una persona che si sveglia di malumore «contagia» velocemente tutti quelli che le stanno vicini.

Una delle caratteristiche salienti di un gruppo amicale è quella di condividere con continuità emozioni positive. Costruire e mantenere un clima emozionale positivo dovrebbe essere la prima preoccupazione di chiunque gestisca un team, sportivo o aziendale che sia. In un team, il clima negativo abbatte l'automotivazione dei membri. Basta che una sola persona nel gruppo non si integri bene e provi stati d'animo negativi che tutto il gruppo ne risenta.

specchio, le basi neurofisiologiche dell'intersoggettività e alcune implicazioni per la Psicoanalisi, in *Psicoterapia e Scienze Umane*, XL, 3, pp. 543-580.

* D. Goleman, R.E. Boyatzis, A. McKee, *Essere leader*, Rizzoli, 2004.

Secondo alcuni studi,* il clima emozionale determina da solo tra il 20 e il 30% della prestazione organizzativa. Bruno, se fosse stato un personaggio burbero e accigliato invece che l'incarnazione del buon umore, avrebbe generato nel gruppo un clima emozionale ben diverso. Avendo selezionato gli amici per accompagnarlo, questo non è successo: nel gruppo hanno «girato» emozioni positive e questo ha sostenuto la motivazione di tutti. Le energie a disposizione dell'automotivazione non sono state consumate per gestire un sistema limbico «maltrattato».

Il clima positivo però non può nascere «per decreto» o in modo artificioso, altrimenti non funziona. In un gruppo, non esiste nulla di più patetico dell'allegria forzata. I neuroni specchio e il sistema limbico, infatti, non sono influenzati positivamente dall'imitazione di stati d'animo positivi: la cordialità simulata non evoca altrettante emozioni reali in chi la osserva. Ma visto che non è sempre possibile reclutare i membri di un gruppo tra i propri amici, come si può creare ugualmente un clima positivo? Il rimedio consiste nel fare sistematicamente quella che io chiamo la «manutenzione delle relazioni».

Noi siamo spesso governati da qualcosa che potremmo definire il «complesso del Principe Azzurro»: vale a dire l'idea che da qualche parte nel mondo esiste la persona su misura per noi. E che quindi, in qualche modo, le relazioni umane non siano da costruire, bensì da trovare. Ciò produce un atteggiamento passivo che si risolve nell'attesa della persona giusta, anziché nell'impegno costante a migliorare le relazioni già esistenti.

* C. Cherniss e D. Goleman (a cura di), *The Emotionally Intelligent Workplace*, Jossey-Bass, 2001.

Fare la «manutenzione delle relazioni» comporta la disponibilità a investire tempo ed energie nelle persone, cosa rara nelle organizzazioni. La «mancanza di tempo» è spesso una scusa: il tempo va trovato, e quello investito nel migliorare le relazioni interne viene ampiamente ricompensato da un miglior funzionamento del gruppo. Ernest Henry Shackleton, il grande esploratore britannico, propugnava fortemente la necessità di conoscere e parlare personalmente con i propri uomini. Alla fine della sua epopea fra i ghiacci dell'Antartide egli riportò sani e salvi tutti e ventisette i membri della sua spedizione. Sarà una coincidenza, ma l'unico uomo che riportò qualche danno – congelamenti ai piedi – fu Perce Blackborow: il clandestino che era bordo della *Endurance*, che Shackleton non aveva scelto e non conosceva, e con cui non aveva costruito un rapporto personale.

Il primo passo per attuare la «manutenzione delle relazioni» consiste nel frequentarsi. Un concetto ovvio: lo stare insieme conta molto più dell'avere delle affinità a priori. È per questo che gran parte del budget risicato delle nazionali di Ultramaratona viene utilizzato per effettuare collegiali e ritiri. Stare insieme permette al singolo atleta di rendersi conto che tutti gli altri vivono le stesse problematiche. E consente di conoscere gli altri: nel senso di poterne cogliere le caratteristiche personali. Se, quando ci relazioniamo con i membri di un gruppo, non teniamo conto delle specifiche caratteristiche di ciascuno, faremo fatica a sostenere la loro motivazione. Se ignoriamo i bisogni relazionali degli altri, mantenere un clima emozionale positivo diventa difficile. Parliamo di caratteristiche e bisogni che in fondo si manifestano attraverso comportamenti banali: per esempio, nella squadra ci sono atleti molto introversi che l'ala estroversa del gruppo tende a percepire come «egoisti, musoni, indifferenti». La tendenza a giudicare in termini «intenzionali» quelle che sono invece espressioni più profonde della personalità porta a incrementare la conflittualità interpersonale. Allo stesso modo un tecnico introverso deve rendersi conto che la sua parsimonia nel dare feedback agli atleti estroversi è per loro destabilizzante e demotivante. Ci sono atleti che durante la gara hanno bisogno di essere fortemente incitati, altri sono aiutati dal silenzio. Alcuni prima della gara preferiscono isolarsi, altri hanno necessità di ricevere continuamente attenzione dall'esterno. Non c'è una modalità giusta, se non in rapporto alle caratteristiche personali. I tecnici e i compagni devono saperlo.

La conoscenza degli altri membri del gruppo si ottiene solo passando insieme molto tempo, animati da uno spirito di curiosità e genuino interesse. La «manutenzione delle relazioni» aiuta a costruire un clima emozionale positivo, che a sua volta sorregge l'automotivazione di ciascuno. Secondo la mia esperienza, nella nazionale di Ultramaratona esiste un indizio preciso che segnala che si è formato un buon clima emozionale: quando atleti infortunati – o addirittura atleti non convocati – si offrono di accompagnare comunque la squadra a una gara internazionale.

5.2. Far sentire capaci

Le persone dimenticheranno quello che hai detto,
non ricorderanno quello che hai fatto,
ma non scorderanno mai come le hai fatte sentire.

Maya Angelou

Quando il tuo allenatore ti dice che stai facendo bene
e che sei sulla buona strada verso gli obiettivi,
questo fa una differenza enorme.

Dathan Ritzenhein, quarto bianco nella storia a scendere sotto i 13′ nei 5000 metri.

Incespicano accecati dal vento; e la pioggia penetra ovunque attraverso abiti fradici. Vorrebbero scappare dal loro stesso corpo intirizzito, dal peso dello zaino, dalla fatica che li piega. Eppure non lo fanno e vanno avanti. Il sonno li artiglia e cerca di trascinarli verso terra, ma loro lottano per resistere. Si chiedono cosa li fa andare avanti. Se lo facessero per soldi, avrebbero già lasciato perdere da un pezzo. Se fossero stati convinti da qualcun altro è perché quel qualcun altro ha puntato loro una pistola alla tempia. Eppure non si ferma nessuno, o quasi. Percorrendo il cammino della Petite Trotte à Leon (PTL) mi sono chiesto tante volte quale fosse il segreto di questa spinta prodigiosa che non si arrende davanti a nulla. Se si vogliono capire a fondo come funzionano le motivazioni umane, non c'è occasione migliore di questa: perché qui non ci sono ricompense materiali per chi prosegue, né punizioni per chi si ferma.

La PTL è il fratello maturo e più saggio dell'Ultra Trail du Mont Blanc. Le due gare condividono poche cose: beneficiano della stessa organizzazione ed entrambe partono e arrivano a Chamonix. Ma la PTL parte alcuni giorni prima, perché è più lunga. Il percorso cambia ogni anno e attraversa tre nazioni (Francia, Italia, Svizzera) con una lunghezza che negli anni è variata di volta in volta dai 230 ai 300 chilometri. È più impegnativa anche sotto altri aspetti: il dislivello positivo, espresso in metri, è enorme; sono presenti tratti tecnici non banali (ferrate, tratti su neve e ghiacciaio o di arrampicata elementare); il percorso non è segnalato e dunque si viaggia in autoorientamento; ci sono pochissimi punti di assistenza e si è quindi in pressoché totale autonomia; e per questo ci si porta sulle spalle uno zaino ben più pesante di quello dell'UTMB. Ma la PTL è anche una gara che richiede più saggezza delle altre. Sia perché non propone una classifica finale, ma solo la qualifica di finisher sia perché si corre in squadra. E tu non hai più solo i tuoi problemi da sopportare, ma devi farti carico anche di quelli dei compagni.

«Se non ci foste stati voi... eravamo partiti alle dieci di sera e io già alle sei del mattino ho cominciato a insultarmi da solo... nel vero senso della parola... e a chiedermi: 'ma cosa sei qui a fare?'. Sì, proprio così. Non mi sono preparato bene, ogni volta che faccio queste cose faccio una fatica della miseria, sono qui con delle persone che si stanno impegnando e io le freno, mi dicevo. E poi faccio fatica, non pensavo fosse una cosa del genere...» così comincia l'intervista di Maurizio in un video che gli è stato dedicato.*

Mi ha sempre colpito quel «se non ci foste stati voi». Apparentemente questa frase è in contraddizione con quanto detto sinora sulla motivazione: cioè che la motivazione o te la dai da solo oppure vale poco; che i motivatori magici stile «io-sono-il-tuo-guru» sono una leggenda; che quando le difficoltà diventano serie solo l'automotivazione può farti andare avanti. In realtà la contraddizione è solo apparente. Come vedremo, Maurizio la PTL l'ha corsa con le sue gambe. Ciò che l'ha tenuto in piedi, ciò che l'ha spinto avanti è stata la sua passione. Il desiderio di farcela. E quello c'era già. Era alla base. Non l'ha instillato magicamente nessun motivatore.

Ma, fermo restando che la motivazione c'era e proveniva da lui, noi sappiamo che l'automotivazione è influenzabile dagli atteggiamenti delle persone intorno. E basta poco per demotivare qualcuno. Non c'è bisogno di mettere in atto comportamenti eclatanti di svalutazione, di critica, di rifiuto. Non c'è neppure bisogno di parlare. Basta dimostrare con il proprio atteggiamento che non si ha fiducia nelle capacità dell'altro. Basta cioè farlo sentire INcapace. E magari con le migliori intenzioni, come il genitore che non lascia autonomia ai figli perché è sicuro che da soli non ce la faranno. Più li aiuta e più li demotiva, perché li convince che non sono capaci (vi ricordate come basso senso di autoefficacia e demotivazione vadano di pari passo?). Più i figli sono demotivati, meno si impegneranno, e

* Il video è «Maurizio et la Petite Trotte» di Gabriela Monti ed è contenuto nel dvd *Voyage au bout de soi-même*, 2009, realizzato e commercializzato da «Les Trailers du Mont-Blanc».

più il genitore si convincerà che non possono farcela da soli. All'opposto dello spettro infinito di comportamenti, ci sono atteggiamenti che sostengono e alimentano la motivazione già esistente. I guru-motivatori non esistono, ma i buoni allenatori sì.

In origine Maurizio non era un membro del nostro team. Nel 2009 ci eravamo iscritti alla PTL in tre. Lui non c'era. L'avevamo conosciuto durante la preparazione. Si era unito a noi durante il Gran Raid du Mercantour,* una gara che doveva essere un semplice allenamento ma che finì in tragedia, con tre vittime tra i concorrenti, assiderati durante la notte. Probabilmente fummo gli ultimi a vederli vivi. Quando, sotto l'incalzare dei fulmini e della bufera di vento misto ad acqua e nevischio discendemmo dal monte Piagu per ripararci nel rifugio Madone de Fenestre, incrociammo tre luci che salivano. Non ci parlammo. Il ruggito del vento non lo permetteva. Forse ci scambiammo un saluto. Alzando appena lo sguardo che tenevo basso per evitare gli schizzi d'acqua, intravidi due uomini e una donna. La gara fu interrotta subito dopo. Quei tre atleti furono gli ultimi a lasciare il rifugio. Il giorno successivo i tre, in un primo tempo dati come dispersi, furono trovati morti di freddo 150 metri sotto la cima. Forse si erano persi. Forse un fulmine li aveva colpiti di striscio facendo perder loro i sensi, e l'ipotermia li aveva uccisi.

Fu una disgrazia assurda che scosse l'intero ambiente, e che implicava anche pesanti responsabilità per gli organizzatori. L'aver condiviso le emozioni scaturite da questo dramma creò un legame forte con Maurizio che altrimenti sarebbe rimasto per noi un conoscente occasionale. Così,

* 80 chilometri e 6100 metri di dislivello nelle Alpi marittime francesi.

quando uno dei membri della squadra dette forfait per motivi di salute, ci venne spontaneo chiedere a Maurizio di subentrargli. Del resto non era facile trovare un mese prima della gara un'altra persona in grado di partecipare alla PTL. Tuttavia rimaneva un'incognita: per quanto altrettanto motivato, Maurizio era molto meno allenato di noi. La sua partecipazione alla PTL non era prevista. Era impreparato per una gara del genere e ne era perfettamente consapevole, così come lo eravamo noi.

In questo stato d'animo la nostra squadra si presentò alla partenza a Chamonix, una sera di fine agosto: con molto entusiasmo, ma anche molti dubbi e incertezze sulla possibilità di farcela. Come ha raccontato lui stesso, Maurizio incominciò a trovarsi in difficoltà quasi subito. Al sessantaduesimo chilometro di gara presso il colle del Piccolo San Bernardo, a una notte e quasi un giorno intero dalla partenza, Maurizio ha una crisi tremenda: è già sul punto di ritirarsi. Le immagini video lo riprendono seduto su un sasso, mentre con occhi spiritati ride e dice cose senza senso.

Ma si riprende e riparte. Avanziamo in solitudine attraverso colli, creste, pietraie e pendii non tracciati. Sopra di noi la volta del cielo muta continuamente insieme al paesaggio: da stellata diventa sempre più luminosa con il progredire del giorno, per poi tornare all'oscurità. Le crisi si susseguono. A metà gara non ce la fa a buttare giù niente. Non mangia più. Si trascina, poi si riprende ancora una volta. Alla fine ce la fa e arriviamo al traguardo.

Ce l'ha fatta con le sue gambe e ai nostri occhi il merito è tutto suo. Eppure lui continua ad attribuire a noi – Roberta e io, gli altri membri del team – parte della riuscita. Come se in qualche modo, più che sostenerlo fisicamente avessimo sostenuto la sua mente, la sua motivazione. Nella videointervista lui prova a spiegarlo: «La riuscita dipendeva un po' da voi, nel senso che dovevate darmi fiducia. Io non sapevo quanto avrei tenuto. Però avendo voi fiducia nella mia volontà – voi dovevate essere sicuri che stavo dando il massimo – che se ero in grado di dare 'dieci' davo 'dieci'».

Il punto di vista di Maurizio è interessante. Cosa è successo? Penso che sia accaduto qualcosa di simile a quello che in psicologia viene chiamato «effetto Pigmalione». Pigmalione, ci racconta Ovidio nelle *Metamorfosi*, era un abilissimo scultore che si innamorò di una statua che aveva plasmato secondo i suoi ideali di bellezza e femminilità. George Bernard Shaw nel 1912 si ispira a questo mito per scrivere una commedia intitolata appunto *Pigmalione*. La storia racconta di un professore che scommette con un amico che trasformerà una zotica fioraia in raffinata gentildonna. Shaw riprende il concetto di «plasmare» contenuto nel mito di Ovidio ma non l'utilizza in senso concreto («plasmare una scultura») ma in senso figurato, ovvero plasmare le altre persone, i loro atteggiamenti, i loro comportamenti.

Da qui l'«effetto Pigmalione» definito nel 1968 da Robert Rosenthal, psicologo di origine tedesca. Mentre portava avanti degli esperimenti di psicologia sociale in una scuola elementare californiana, Rosenthal sottopose i bambini a un test di intelligenza. Poi individuò un gruppo di bambini facendo credere agli insegnanti che la selezione fosse avvenuta sulla base dei risultati migliori al test. In realtà il gruppo era formato in modo casuale. Dopo un anno Rosenthal tornò nella scuola e verificò che il rendimento scolastico dei bambini del gruppo selezionato era straordinariamente elevato. Attenzione: non prese in considerazione l'opinione degli insegnanti, ma le misure oggettive di profitto: voti e punteggi. Rosenthal enunciò allora questo principio, che caratterizza l'effetto Pigmalione: se gli insegnanti si aspettano che un bambino sia capace, lo tratteranno – anche inconsapevolmente – in modo diverso; il bambino interiorizzerà il giudizio e si comporterà di conseguenza; si instaura così un circolo virtuoso/vizioso per cui il bambino tenderà a divenire nel tempo proprio come l'insegnante lo aveva immaginato. L'effetto Pigmalione, infatti, vale al positivo ma anche al negativo. Se ci aspettiamo che qualcuno non ce la faccia, tenderemo a trattarlo in maniera congruente alle nostre aspettative. Gli comunicheremo sfiducia. Questa cosa tenderà a demotivarlo. L'effetto Pigmalione è un'ulteriore dimostrazione che il talento non esiste. Esiste l'impegno a conseguire degli obiettivi che è funzione della motivazione individuale. Questo processo però è influenzabile da molte variabili, tra le quali hanno un peso non trascurabile le aspettative delle persone che ci circondano. La motivazione non può essere instillata, ma sicuramente può essere sostenuta da parte di figure «fiduciose».

Ma... se uno la fiducia non ce l'ha, se le sue aspettative sono negative? Dobbiamo fingerla, questa fiducia? È una questione oziosa. Il problema non è indovinare se la fiducia è ben riposta, se la persona la merita oppure se stiamo facendo l'investimento sbagliato. Il tema non è «giocare in borsa». «Dare fiducia» non è questione di «indovinare»: significa manifestare, esprimere una serie di comportamenti.

Questi comportamenti sostengono *comunque* la motivazione della persona. Noi non sapevamo in anticipo che Maurizio avrebbe terminato la PTL. Ma credendo in lui abbiamo contribuito a creare delle condizioni favorevoli all'espressione della *sua* motivazione. Poi può darsi che, *nonostante* le condizioni facilitanti, la persona al dunque non ce la faccia. Ma questo fa parte della vita e succede tutti i giorni. Dobbiamo sospendere il giudizio anticipato sulle capacità della persona. Esso non deve diventare l'alibi per non credere nel nostro prossimo.

Quali sono i comportamenti di sostegno attraverso cui si manifesta la fiducia? Non si tratta genericamente di incoraggiare o di blandire, e nemmeno di persuadere. Ciò che serve è:

- prestare attenzione;
- sottolineare i progressi;
- aspettarsi e valorizzare l'impegno;
- aspettarsi ed esigere risultati elevati;
- concedere più informazioni;
- concedere più spazio per esprimersi.

Ma tutto questo non necessita di grandi discorsi. Anzi, quasi sempre si comunica attraverso i comportamenti. A Maurizio per sentire la fiducia bastava che gli si stesse vicino, che lo si aspettasse, che gli si dicesse «dai, stai tranquillo che ce la farai». Se avessimo voluto demotivarlo sarebbe bastato precederlo sul sentiero per poi fermarsi platealmente ad aspettarlo con una faccia esasperata.

Quanto detto si attua a livello pratico anche fornendo al soggetto feedback corretti e numerosi; e stabilendo per lui degli obiettivi adeguati. Obiettivi irraggiungibili, al pari di obiettivi troppo facili, veicolano una percezione di scarsa fiducia. Il bravo coach è colui che porta gli atleti a coniugare la fiducia che lui esprime con le loro sensazioni corporee di «potercela fare».

5.3. Prescrittività e autonomia a confronto sull'Everest

Credi che questi giocatori abbiano sempre bisogno di un papà che li accompagna per mano?

Domanda di un giornalista a Marcello Lippi alla conferenza stampa dopo la débâcle italiana ai Mondiali di calcio 2010

La libertà significa responsabilità: ecco perché molti la temono.

George Bernard Shaw

27° 59′ 17″ N, 86° 55′ 31″ E, monte Everest
Aprile 2005

Prima del 1978 i fisiologi giudicavano impossibile salire l'Everest senza ossigeno. Fu Reinhold Messner a smentirli, raggiungendo la vetta con Peter Habeler. Da allora scalare l'Everest senza ossigeno non è più impossibile: ma questo non vuol dire che sia diventato facile. Anzi. Rispetto al totale, le salite compiute effettivamente senza ossigeno sono poche. La scelta di non utilizzare l'ossigeno è ammirevole. Manifesta un'attenzione significativa all'etica e denota una sfida basata sulle motivazioni profondamente intrinseche: scoprire i miei limiti, vedere se ce la posso fare. Attenzione però: talvolta diventa etico usare l'ossigeno. Se si è un soccorritore, qualcuno che debba per esempio muovere un ferito o assistere un alpinista sfinito, l'ossigeno aumenta le probabilità di successo. Riduce il rischio che anche il soccorritore finisca a sua volta nei guai, costringendo altri a mobilitarsi per lui. Certo, non dà nessuna certezza sull'esito finale del soccorso. Perché anche utilizzando l'ossigeno, la quota si sente. Si valuta che verosimilmente l'impiego di ossigeno riduca la percezione fisica della quota di circa mille metri. Quindi con l'ossigeno un alpinista in cima all'Everest non respira come se si trovasse in spiaggia a Riccione, ma come se fosse a 7848 metri di altezza. E anche a quota 7848 metri rimane comunque estremamente difficile potersi caricare qualcuno sulle spalle e scendere le corde fisse. È per questo che la montagna – oltre una certa quota – è costellata di cadaveri. Non vengono rimossi non per mancanza di rispetto, ma semplicemente perché spostarli è un'impresa più difficile che raggiungere la cima. Basti questo esempio: nel 2004 due alpinisti coreani morirono poco sotto la cima dell'Everest, sul versante tibetano. I due alpinisti deceduti erano celebri in patria e considerati degli eroi nazionali. L'anno successivo la Corea ha organizzato una spedizione finanziata da varie istituzioni del paese con l'unico scopo di recuperare le due salme e rimpatriarle. Vi hanno partecipato dieci alpinisti e una ventina di sherpa. Ebbene, dopo quasi due mesi di permanenza sulla montagna sono riusciti a recuperarne una. L'altra è rimasta dov'era.

Queste considerazioni offrono il contesto per meglio comprendere le difficoltà organizzative e le dimensioni del record che Bruno Brunod tentò nel 2005. Dopo aver conseguito quello dell'Aconcagua e quello del Kilimanjaro, tutto lasciava presagire che Bruno potesse coronare il sogno di una vita: salire l'Everest senza ossigeno e no-stop per la via più lunga e completa, quella che parte dal campo base tibetano, percorre l'intero ghiacciaio di Rongbuck, sale al Colle Nord e da lì raggiunge la vetta. Un percorso di oltre cinquantacinque chilometri tra andata e ritorno. Una prestazione estrema non solo per l'atleta, ma anche per la squadra di sostegno e soccorso.

Non è per niente facile organizzare un record su una montagna come l'Everest. Soprattutto se le risorse a disposizione della squadra sono limitate. Negli anni '50, all'inizio della «corsa» per la conquista degli ottomila furono organizzate diverse spedizioni «nazionali»: gli Stati finanziavano e organizzavano spedizioni per conquistarsi il «loro» ottomila, simbolo di prestigio internazionale. In quel contesto era possibile (e forse inevitabile) utilizzare uno stile prescrittivo, per non dire autoritario. Ardito Desio nel 1954 al K2 «muoveva» trenta alpinisti, settecento portatori e tredici tonnellate di attrezzature. Una vera macchina militare organizzata gerarchicamente! Il problema di gestire oculatamente le risorse, di motivarle, di non sprecarle, allora non si poneva.

Oggigiorno non è più così. Ben più magre erano le risorse che Claudio Bastrentaz* aveva a disposizione per organizzare il record del 2005. Il povero Claudio si era messo in un bel pasticcio. Tutto era cominciato l'anno preceden-

* Guida alpina di Fontainemore (Ao), membro del soccorso alpino e preparatore atletico, Bastentraz è un personaggio anomalo nel panorama alpinistico. Sebbene abbia compiuto diverse imprese di spessore (dalla via nuova aperta in solitaria sul Changtse, 7543 metri, alle due salite dell'Everest, a «Valle d'Aosta a fil di cielo», periplo integrale della cresta di confine della Valle d'Aosta compiuto in 54 giorni e premiato come «impresa dell'Anno internazionale delle montagne») è rimasto immune dalla smania di protagonismo che affligge gente che spesso ha fatto molto meno di lui. Claudio, che è stato anche insignito di premi letterari per la sua produzione poetica, ha fatto parte dei tester dell'«edizione zero» del Tor des Géants.

te, quando aveva partecipato alla grande spedizione italiana commemorativa del cinquantennale della conquista del K2. La spedizione prevedeva la salita dell'Everest e poi, in successione, quella del K2. Partendo, Claudio aveva cercato di spiegare alla moglie che si sarebbe assentato per un po', ma forse non si era spiegato abbastanza bene. Al campo base era circondato da guide alpine e da alpinisti ben più famosi. Lui, sempre modesto, schivo ma tremendamente efficace come al solito, a sorpresa era saltato in cima all'Everest prima e meglio di tanti altri. Per giunta senza ossigeno. Poi era partito per lo sperduto versante cinese del K2, un posto più isolato dell'altra faccia della luna. Alla fine, dopo circa sei mesi di assenza, si era ripresentato a casa. Sua moglie tentennò non poco prima di riprenderselo. Pare che abbia ceduto solo quando lui le giurò in ginocchio che mai più si sarebbe allontanato da casa per un raggio superiore ai venti chilometri. Ecco perché, quando cercammo di coinvolgerlo nel nostro progetto, cominciarono i guai. «Tu ci sei già stato. Conosci perfettamente i luoghi, la logistica e anche le vie di salita. Ti chiediamo solo delle dritte, una consulenza, non occorre che tu venga con noi.» Il ragionamento non faceva una grinza. Ma il suo virus si risvegliò. Il contagio riprese forza. Come un Ulisse ritornato ormai da troppo tempo a Itaca, si ritrovò sballottato tra l'impeto delle motivazioni intrinseche, il desiderio di esplorare ancora e l'attaccamento alla vita domestica, al suo porto sicuro. Si sa, alla fine Ulisse se ne partì di nuovo, veleggiando verso le Colonne d'Ercole. Claudio, invece, ancora esitava. Alla fine sospirò: «Va bene. Vi darò una mano. Ma, badate bene, solo dall'esterno. Di tornare là con voi non se ne parla nemmeno». Sei mesi dopo si imbarcava con noi sul volo per Lasha nel ruolo di capospedizione. Era la terza volta che tornava nella valle del ghiacciaio di Rongbuck. Una volta che sei stato contagiato, non puoi più guarire. La prima volta, moltissimi anni fa, Claudio aveva aperto in solitaria (in solitaria davvero perché arrivava il monsone e stavano sgomberando anche il campo base) una nuova via sullo Changtse, il fratello minore dell'Everest che sta accucciato ai suoi piedi, mille metri più in basso. L'anno prima, era salito in cima all'Everest senza ossigeno. Ora tornava per gestire il nostro tentativo di record dal punto di vista organizzativo, tecnico e logistico.

Si trattava di un salto mortale. Infatti non è per niente facile passare dal ruolo di alpinista di punta a quello di capospedizione. Spesso si consegue il ruolo di capo in virtù di competenze tecnico-atletiche. Ma una volta entrati nel nuovo ruolo, ci si accorge in fretta che quelle competenze non servono più, non saranno utilizzate in questo frangente. Ciò che serve adesso è la capacità di gestire delle persone e non il fatto di possedere qualità eccelse di alpinista. Il capospedizione non dev'essere necessariamente un forte scalatore: deve saper gestire le risorse umane.

Ancora una volta Claudio ci sorprese tutti. Riuscì straordinariamente bene in un compito per lui nuovo. Da un punto di vista organizzativo la spedizione fu un capolavoro. La squadra di sostegno fu selezionata con attenzione e i sei alpinisti che vennero scelti avevano competenze altissime: erano sei guide e membri del soccorso alpino. Quasi tutti erano istruttori nazionali, il che li poneva, dal punto di vista gerarchico, al di sopra di Claudio. Tuttavia lui non si fece intimorire: la sua leadership si fondava sul riconoscimento della sua esperienza e dell'impresa che aveva compiuto l'anno precedente all'Everest. Inoltre Claudio utilizzava in modo naturale, in quanto genuina espressione del suo carattere tranquillo ma sicuro di sé, uno stile di leadership del tutto appropriato alle circostanze: mai troppo direttivo o autoritario, capace di condividere con tutti le decisioni assumendosene però alla fine la responsabilità.*

Fu fatto un training molto accurato non solo fisico e tecnico, ma anche di condivisione degli obiettivi, e l'esito della vicenda dimostra che venne organizzato alla perfezione. Alludo al fatto che un membro della squadra rinunciò a raggiungere la vetta ormai vicina per stare vicino a un Bruno stremato, ma non in pericolo di vita, che aveva raggiunto il campo 3 a circa 8200 metri. Con grande coraggio e lucidità Bruno aveva infatti deciso di fermare lì il suo tentativo.

Aveva fatto tutto quello che era umanamente possibile, e forse anche di più. Andare oltre avrebbe significato, molto probabilmente, non tornare più indietro e mettere in pericolo i compagni della squadra che l'aspettavano.** Per quel che mi riguarda non considero un fallimento il tentativo di Bruno: è vero, la cima non fu raggiunta ma solo chi non ha idea di cosa voglia dire ciò che Bruno ha fatto, giudica sulla base di questo parametro. Sempre che abbia senso fare una classifica delle imprese, quella di Bruno rimane il più grande exploit atletico che sia mai stato compiuto sull'Everest: dal campo base al campo 3 in una manciata di ore, senza ossigeno e con un vento oltre i 65 chilometri orari.

* Come dichiarò nell'intervista contenuta nel film *EverestVitesse* (2005) realizzato da Mario Barbieri e ormai introvabile: «Credo sia importante sentire sempre il parere di tutti, anche se sono ben conscio che alla fine chi deve prendersi la responsabilità di decidere sono io».

** Ho raccontato l'impresa nei dettagli in *Resisto dunque sono*, cit.

La rinuncia alla vetta da parte di un membro della squadra (Cristian) per assistere Bruno, non va sottovalutata. È un esempio estremo di rinuncia ai propri obiettivi personali in nome dell'obiettivo del gruppo. La squadra di sostegno sull'Everest era sottoposta a un notevole stress e a grandi rischi personali. Definendo la «mission» e le regole durante il periodo di training, era stato concordato con tutti in maniera molto esplicita che ci sarebbe stata la possibilità per ciascuno di ambire alla vetta della montagna; ma solo dopo che Bruno avesse ultimato il tentativo. Prima, tutte le energie erano finalizzate all'atleta. In realtà, quasi sempre, sugli ottomila prevalgono gli obiettivi personali su quelli condivisi. Per il contesto ambientale, lo stress, la scarsa lucidità e la spinta motivazionale straordinaria, le persone mettono da parte ogni scrupolo e compiono spesso azioni riprovevoli pur di raggiungere il proprio scopo.

Emblematico in questo senso è l'episodio del «depistaggio» di Bonatti da parte di Compagnoni e Lacedelli sul K2 nel 1954. Ma in realtà ci sono molti altri episodi, forse perfino eticamente più riprovevoli: pensiamo alla morte sull'Everest nel 2006 di David Sharp, trentaquattrenne di Edimburgo, che è rimasto ad agonizzare ai margini della traccia mentre varie cordate si avvicendavano sfiorandolo nella salita. Tutti protesi a raggiungere il proprio obiettivo personale, nessuno ha degnato di uno sguardo il moribondo. E se, indubbiamente, era senz'altro difficile compiere la benché minima azione di salvataggio, va detto che non gli è stato nemmeno accordato il calore di una parola.

Una volta verificato che Bruno era riuscito a trascinarsi sino alla tenda del campo 3 dove aveva trovato dell'ossigeno, due thermos di liquidi e un sacco a pelo in cui rifugiarsi, Cristian avrebbe potuto tranquillamente lasciarlo per tentare a sua volta la vetta. Era ben acclimatato, quella notte si sentiva bene, si trovava a una manciata di ore dal tetto del mondo: non è affatto scontato che nella vita di uno scalatore si presentino una seconda volta tutte queste condizioni. Bruno non era in pericolo di vita, era solo sfinito. Presto sarebbero scesi sino alla tenda anche gli altri componenti della squadra posizionati sopra al campo 3. Eppure Cristian preferì sacrificare il suo sogno personale per vegliare su Bruno. Forse non è un caso che Bruno abbia deciso di chiamare Cristian il figlio nato dopo il ritorno dall'Everest.

Uno dei segreti della perfetta riuscita organizzativa dell'impresa sta nello stile di leadership di Claudio, che non è mai stato prescrittivo (si veda il capitolo 2) con la squadra di supporto. La logistica dell'impresa era estremamente complessa. Claudio dal campo base non poteva ordinare a bacchetta «cosa» e «come» fare: il punto preciso dove mettere una tenda, quante bombole lasciare a quel campo, come risolvere una divergenza di opinioni tra due membri della squadra su come eseguire una certa cosa. Claudio lasciava molta autonomia agli uomini, dava loro molta fiducia. Questo non per disinteresse, ma anche perché fare il contrario sarebbe stato inefficace in una situazione di risorse molto limitate e di scarse informazioni in suo possesso. Lui non era lì sul posto. Non poteva valutare se ci si potesse fidare di passare di là, con le condizioni di *quel giorno*. Non poteva essere lui a dire se fosse meglio ancorare la tenda su quel pendio, piuttosto che sistemarla su quell'altro a cinquanta metri in direzione sud-est. Non poteva imporsi, indicare un punto sulla carta e dire «la voglio montata là», come magari facevano i capi delle spedizioni nazionali degli anni '50 perché non aveva le stesse risorse.

Le persone hanno bisogno di autonomia. Poter decidere e autodeterminarsi ha molti effetti positivi. Non poterlo fare demotiva. Il già citato Edward Deci, uno dei massimi teorici della motivazione, scrive: «L'autodeterminazione è più di una capacità: è un fondamentale bisogno».*

I membri della squadra mantennero la motivazione al di là di ogni ragionevole aspettativa. A causa del maltempo, infatti, la missione si prolungò ben oltre il dovuto. Dovemmo attendere il 3 giugno, ormai con il monsone alle porte, per fare il tentativo, quando Claudio, l'anno precedente, aveva cominciato la salita il 20 maggio. Quasi quindici giorni prima. Quindici giorni di attesa passati non in un albergo ma continuando ad attrezzare i campi alti, a causa del vento e del maltempo. Quindici giorni di trincea, eppure le persone rimanevano sul pezzo. La motivazione teneva e il fisico pure.

Infatti, livelli elevati di motivazione e resilienza diminuiscono anche la vulnerabilità a livello fisico. Ecco un esempio molto significativo: dopo il drammatico terremoto in Salvador del 2001, i profughi furono radunati in due grandi campi: il Santa Gertrudis e El Cafetalón.** Un campo consentiva ai profughi di autogestirsi in merito alla disposizione delle tende, all'elezione dei rappresentanti, a varie decisioni riguardanti la vita pratica. Nell'altro i profughi non godevano di nessuna autonomia decisionale e tutto veniva gestito dall'alto senza alcuna partecipazione del singolo ri-

* E. Deci e R. Ryan, *Intrinsic Motivation and Self-Determination in Human Behavior*, New York, Plenum Press, 1985.

** Pau Pérez-Sales et al., *Post-Traumatic Factors and Resilience: The Role of Shelter Management and Survivours' Attitudes after the Earthquakes in El Salvador* (2001), in *Journal of Community & Applied Social Psychology*, vol. 15 (2005), 5, pp. 368-382.

fugiato. Quando i ricercatori misurarono lo stato di salute degli abitanti dei due campi, trovarono che i profughi del campo con maggiore autonomia godevano di una salute fisica decisamente migliore. Avevano assorbito meglio lo stress traumatico legato al terremoto. Nell'altro campo la percentuale di persone che avevano sviluppato disturbi da stress era significativamente più elevata.

Le organizzazioni che soffocano i propri membri, che tolgono qualsiasi spazio di autonomia e decisione contribuiscono a demotivare pesantemente le persone. Gli atleti non fanno eccezione: il modello a cui tendere è quello di un atleta che diventa quasi allenatore di se stesso; e che si relaziona al tecnico come a un consulente da coinvolgere su precise problematiche, non cercando la mamma o il sergente di turno. È chiaro, si tratta di un comportamento possibile solo per atleti maturi, evoluti. Ma non è un sogno irrealizzabile: in fondo Bruno, Roberto Ghidoni, i fratelli Gross sono tutte persone che hanno un tecnico di riferimento, ma poi si gestiscono in totale autonomia. E sono convinto che esista una relazione tra questo fatto e i loro successi. Non mi piace l'approccio delle federazioni o degli allenatori «chioccia»: quelli della «presa in carico totale», quelli del «tu pensa solo a pedalare, a tutto il resto pensiamo noi». Sarà un caso, ma da queste situazioni non sono mai usciti grandi campioni. Forse grandi esecutori. Forse fortissimi robot in attesa di ordini. Ma, si sa, con la motivazione altrui non si va molto lontano.

5.4. Le termopili di ghiaccio: un monito sulla comunicazione

Gli uomini del Soccorso Aeronautico considerano il Denali alla stregua del più feroce dei draghi: unico, gigantesco, ingannevole. E sempre potenzialmente fatale, perfino per coloro che lo conoscono meglio di chiunque altro.
Bob Dury, *Una stagione da eroi*

63° 4′ 10.2″ N, 151° 0′ 26.64″ W, Alaska, primavera 2008

«Per me no, grazie.» Durante un pranzo di lavoro, il commensale di fronte a me respinge il piatto di lasagne che il cameriere gli porge. Sta seguendo una dieta, spiega. Il piatto fa dietro-front: viviamo un momento epocale nella storia della nostra specie. Non è da molto, infatti, che un essere umano possa permettersi di rinunciare a fare scorta di cibo. Accade in modo generalizzato solo da pochi decenni, e solo in limitate aree del pianeta. È frutto di un'attenzione univoca al «benessere». Una volta le priorità erano altre: evitare il malessere, cioè fame, freddo, sete, guerre, epidemie. Sopravvivere. Il fatto che troppo cibo potesse rappresentare un problema non era neanche lontanamente concepibile. Oggi se si ha fame basta spalancare il frigo; se si ha sete basta aprire il rubinetto; quando si patisce il freddo (quasi mai) è sufficiente alzare il riscaldamento. Tutto ciò viene dato per scontato. Eppure non lo è affatto. Il «benessere» rappresenta una fragile, anomala, localizzata eccezione. Non ci vuole molto per rendersene conto. A me, tutto questo, fa venire in mente l'Alaska. L'Alaska è una delle tante strade per ritornare nel mondo reale.

Ma procediamo con ordine. Dopo aver vinto il Trofeo Mezzalama, la gara di sci-alpinismo più prestigiosa al mondo, Jean Pellissier si permise una cena pantagruelica: a tavola c'erano lui e i suoi amici storici, e nessuna portata subì l'affronto toccato alle lasagne di cui sopra. Infatti lo sci-alpinismo consente di correre in salita con gli sci ai piedi, e poi di sciare in discesa: il consumo calorico è assicurato, gli atleti sono tutti magri, e il concetto di benessere viene più spesso collegato all'entità del tasso alcolico nel sangue che alla silhouette... «Ora che *scei* il... *hic*... più forte al mondo...» lo provocò Daniel «...*scicuramente*... *hic*... non puoi *sciottrarti* a tentare il record del Denali con gli sci!» Seguì un tintinnare di bicchieri e un coro generalizzato di «Evviva!», segno che la sfida era accettata, senza dibattimento alcuno.

Il lettore resterà comprensibilmente sconcertato. Dai precedenti capitoli avrà sicuramente capito che le decisioni sui tentativi di record nascono alla fine di un avveduto e prudente lavoro di analisi, simile agli studi prodotti dalla Nasa per i voli spaziali. Il tentativo di record all'Everest era stato progettato nei minimi dettagli. Questa volta invece andò diversamente. La missione «Denali Express» non vide la luce grazie a un estenuante lavorìo delle aree frontali dei nostri cervelli. No, fu partorita direttamente dai fumi dell'alcol. Di tutto questo naturalmente pagammo a caro prezzo le conseguenze.

La squadra organizzata per supportare Jean era composta da quattro guide alpine del Cervino (Daniel, Patrick, Alain, Laurent), oltre all'amico Filippo e al sottoscritto. Assoldati in fretta e furia, senza il necessario processo di amalgama e preparazione.

Il Denali o Mount McKinley – cima culminante del continente nordamericano – non presenta difficoltà tecniche particolarmente elevate. Situato in Alaska, è caratterizzato dalla presenza di ghiacciai immensi con campi base accessibili solo da piccoli aerei muniti di sci. Ha un'altitudine tutto sommato modesta (6200 metri) rispetto ai giganti himalayani; ma l'ambiente è estremamente severo e pone grosse difficoltà di tipo logistico. La vicinanza con il Circolo polare artico comporta temperature estreme, meteo imprevedibile con bufere improvvise che si scatenano con venti fortissimi. Non per nulla uno dei nomi indigeni del Denali significa «Creatore di Tempeste». Al campo 5, per esempio, abbiamo perso una tenda d'alta quota, sparita letteralmente nel nulla, spazzata dalle raffiche che, secondo la stima dei Ranger, si aggiravano sui 150 km/h. Era vuota, per fortuna...

Da queste parti la logistica è problematica perché gli alpinisti si devono trasportare tutto il carico (cibo, tende, combustibile) da soli: non ci sono né yak né sherpa. E se devi portarti tutto sulle spalle, significa che devi per forza limitare il carico. E di conseguenza si riduce anche l'autonomia in termini di giorni di permanenza. Quando il cibo o il combustibile che alimenta i fornelli scarseggia, si deve fare dietro-front. Altrimenti il rischio è quello di entrare a far parte del paesaggio, sotto forma di scultura di ghiaccio. Si noti che il fornello non serve per cimentarsi nelle ricette d'alta quota ma, più banalmente, è essenziale per poter sciogliere la neve e potersela bere.

L'alpinismo alaskiano è generalmente molto più duro – in termini di stress personale – di quello himalayano e richiede molta più resilienza. Si sta sempre sul ghiacciaio. I campi, compreso il campo base, non sorgono su morene o su terreno asciutto, e le limitazioni del carico non permettono di portare tende mensa o tende collettive. Quindi o si sta all'esterno oppure sdraiati nella tendina, come succede durante il maltempo, che qui è assai frequente.

A queste considerazioni generali si aggiunga che una spedizione finalizzata al conseguimento di un record deve comunque portarsi un carico quasi doppio rispetto a quello di una spedizione con lo stesso numero di membri orientata alla «semplice» salita in vetta. E questo perché in quasi ognuno dei cinque campi che costellano la via di salita, si deve lasciare una tenda per offrire assistenza durante il tentativo. Inoltre ogni membro della squadra deve avere la propria radio; e ciò significa portarsi batterie e pannelli solari per la ricarica.

Ma, soprattutto, una spedizione finalizzata al conseguimento di un record necessita di molto più cibo: bisogna infatti prevedere di restare parecchi giorni in più rispetto a una spedizione «normale», perché è fondamentale attendere la finestra meteo ottimale per il tentativo. Un record richiede condizioni migliori rispetto a una salita priva di particolari pretese. E può anche presentarsi l'evenienza di un secondo tentativo: quindi è molto probabile che il soggiorno si prolunghi.

Il record che Jean si proponeva di battere riguardava la West Buttress, la cosiddetta «via normale» di salita: ventisei chilometri di sviluppo dal campo base alla vetta, con un dislivello di oltre quattromila metri positivi. Il record attuale appartiene allo statunitense Chad Kellogg, che ha impiegato quattordici ore per la salita e quasi ventiquattro complessive tra salita e discesa.

Dal campo base, dove ci aveva scaricato un minuscolo aereo con gli sci al posto delle ruote, giungemmo dopo vari giorni di marcia al campo 5, l'ultimo. Ci inerpicavamo con le pelli di foca, legati in cordata, ognuno tirando la sua maledetta slitta carica all'inverosimile. Lo scopo era quello di ispezionare l'intero percorso almeno fino al Denali Pass, sopra il campo 5; e di montare ai campi intermedi le tende che avrebbero accolto gli incaricati dell'assistenza e che in ogni modo sarebbero potute servire come riparo per l'atleta in caso di maltempo durante il tentativo.

Raggiunto il campo 5, la squadra si divise in due gruppi. Jean e Daniel ritornarono al campo base in attesa del giorno ideale per il tentativo. Noi altri quattro ci fermammo per il momento al campo 4 a 4300 metri di quota, in una posizione protetta dalle intemperie e tale da permettere il contatto radio con il campo base.

Cominciammo a razionare il cibo: barretta + minestrina + pezzo di parmigiano di dimensioni minuscole + 1,5 litri di liquido, questo era il nostro pasto-tipo. L'insufficienza dell'apporto calorico ci faceva patire più freddo del dovuto. All'interno delle tendine, il cibo divenne l'argomento ossessivo di conversazione. La luminescenza delle aurore boreali faceva da contrappunto ai lamenti di Filippo che, da bravo ligure, magnificava nostalgicamente le virtù della cucina della sua regione. Il fantasma di Adolphus Greely cominciò ad annidarsi nei nostri sonni.* L'illusoria sfera

* Adolphus Greely, esploratore polare e ufficiale dell'esercito americano, fu il comandante della tragica spedizione polare della nave *Proteus* (1881-1884). Quando la terza spedizione di soccorso riuscì finalmente a raggiungere la *Proteus* a Cape Sabine, nell'estremo nord canadese, diciannove dei venticinque uomini erano morti di fame. Quasi subito, al ritorno dei superstiti negli Stati Uniti, si diffusero voci di cannibalismo da parte dei sopravvissuti. Greely stesso,

del benessere, di ciò che noi diamo per scontato e acquisito definitivamente, si dissolse in fretta: il conflitto con la fame, non quello con la pancia troppo piena, tornava a rappresentare anche per noi la norma. E per di più le privazioni non erano controbilanciate da possibili consolazioni. Nessuno poteva tentare la salita in vetta come obiettivo personale, perché ogni giorno di bel tempo avrebbe potuto essere quello del record.

La grande difficoltà è sempre quella di individuare con anticipo il giorno con le condizioni meteorologiche adatte: nel caso di un record, il team di supporto deve poter organizzare al meglio i punti di assistenza, anche in prossimità della vetta. Ma nel nostro caso, le previsioni meteo locali – elaborate e fornite dai Ranger del Parco Nazionale – erano, per usare un eufemismo, abbastanza imprecise. Noi, membri della squadra di assistenza, ci eravamo già disposti a vuoto in un caso: partiti un giorno prima del tentativo, sistemati nei vari campi, eravamo dovuti rientrare al campo 4 con spreco di energia e calorie per l'arrivo del maltempo.

Avvolti nei sacchi a pelo, attendevamo una nuova possibilità, sdraiati giorno e notte in tendine troppo basse per starci in piedi. Fuori bufera e temperature polari. Razionamento del cibo, fame, freddo e attesa infinita di una fine-

insignito della Medal of Honor, e i suoi compagni smentirono sempre vigorosamente queste dicerie. Tuttavia, in uno studio recente due scienziati polacchi (J.M. Węsławski e J. Legeżyńska, *Chances for Arctic Survival: Greely's Expedition Revisited*, in *Artic*, 55, 2002, pp. 373-379) hanno dimostrato, recandosi sul posto e alimentandosi con i crostacei come avevano fatto i sopravvissuti, che costoro non ce l'avrebbero fatta senza che nella dieta quotidiana comparissero calorie da altre fonti. La locuzione «nella dieta comparvero altre fonti caloriche» è un elegante modo per dire che si mangiarono i compagni.

stra di bel tempo. Questa era la situazione al campo 4 dopo circa cinque giorni. Filippo ci paragonava agli opliti delle Termopili: capaci di mantenere la posizione nonostante i sacrifici. Scherzava, ma come è noto il motto di spirito esprime la percezione profonda degli eventi. Quel poco di resilienza che avevamo ci servì. Anche perché il malumore cominciava a serpeggiare e a dividere il gruppo in due fazioni nettamente contrapposte: quelli che stavano su, al campo 4, e quelli che stavano giù, al campo base.

Quelli sopra, stufi dell'estenuante attesa, non vedevano l'ora che il tentativo di record avesse luogo: era l'unico modo per tirarsi fuori da quella situazione di noia, abulia, fame e vaga inquietudine. Per quelli del campo base le condizioni giuste per il tentativo non si erano ancora presentate; e tentare un record con molta neve fresca sul percorso e tempo instabile sarebbe stato come sparare a vuoto l'ultima cartuccia.

Per quelli sopra, i compagni del campo base erano diventati, secondo una sintetica definizione fra quelle più ripetibili, «dei rompicoglioni egoisti che non hanno idea di che inferno sia qui e che si illudono ad aspettare una finestra meteo ideale che non arriverà mai».

Per quelli sotto, noi del campo 4 eravamo invece «dei rompicoglioni egoisti che non sono disposti a fare un minimo di sacrificio e che pensano solo a tornarsene a casa, e per questo vorrebbero che sprecassimo un'occasione unica in modo avventato».

Insomma, chi era sopra minimizzava l'aspetto meteo, enfatizzava i disagi e premeva affinché «ci si desse una mossa». Chi era sotto frenava, sottolineando i limiti delle condizioni meteo, e sminuiva i disagi altrui chiedendo di attendere ancora.

L'aver lavorato poco sul gruppo, dando per scontate delle buone relazioni di base, cominciava a far sentire i suoi effetti.

A questa situazione conflittuale si aggiunse un problema di comunicazioni. Le radio in nostro possesso si stavano inesorabilmente scaricando, anche a causa del freddo polare che abbatteva la carica delle batterie. Appena il sole faceva capolino noi provavamo a ricaricarle con i pannelli solari. Ma il sole era troppo mite e il tempo di esposizione troppo breve: l'unico risultato tangibile era di rallentare un pochino l'inevitabile crollo delle batterie. Per questo si era deciso da subito – appena i due gruppi si erano divisi – di razionare non solo il cibo, ma anche le comunicazioni. Uno scambio di parole a inizio giornata, e uno alla sera prima di coricarsi. O meglio, prima di dormire: visto che coricati nei sacchi a pelo si stava comunque tutto il giorno.

Fu allora che diventammo a nostra insaputa protagonisti di un esperimento di psicologia sociale. Un illuminante studio sulla comunicazione. In effetti la nostra situazione poteva essere concepita come uno straordinario laboratorio in cui due gruppi sotto stress e in conflitto tra loro avevano la possibilità di comunicare in modo estremamente ridotto. Ciò che il nostro «esperimento» ci ha permesso di verificare è che una comunicazione rarefatta, poco frequente, carente, lascia spazi vuoti che, all'interno dei gruppi, favoriscono la creazione di «fantasmi», ovvero di interpretazioni della realtà scarsamente basate sui fatti, e spesso a sfondo paranoico.*

L'esempio emblematico è rappresentato da un episodio

* In questo contesto il termine «paranoico» – anche se non fa riferimento alla paranoia come patologia psichiatrica – vuole indicare interpretazioni dei

preciso: proprio a causa del rarefatto livello di comunicazione un gesto altruistico venne interpretato come un atto di aperta ostilità. In uno dei rari momenti di sole tra una perturbazione e l'altra al campo 4, approfittammo per uscire dai sacchi a pelo e sgranchirci le gambe. Sgomberammo le tende dagli accumuli di neve caduta che rischiavano di farle crollare, poi passammo a ripulire le slitte e i materiali che rimanevano fuori dall'accampamento. Fu qui che ci imbattemmo in un paio di scarponi protetti sotto una delle slitte rovesciate. «Sono quelli di Jean» disse qualcuno. In effetti erano proprio i suoi. Jean era sceso al campo base cinque giorni prima e aveva lasciato al campo 4 parte del suo materiale per non scendere trainando dietro di sé la slitta, con il rischio conseguente di finire trascinato in un crepaccio o giù da un pendio. Facemmo due conti e capimmo che da vari giorni Jean si trovava al campo base con gli scarponi da sci ai piedi. Infatti tutti avevamo con noi – per ottimizzare il peso da trascinare – solo due paia di scarponi: quelli normali e quelli da sci. Cominciammo a pensare che per i piedi di Jean la vita al campo base doveva essere ben poco confortevole; e che correva il rischio di ritrovarsi con le vesciche ai piedi proprio in vista del record.

Perciò decidemmo di fargli avere gli scarponi più confortevoli. Uno di noi li avrebbe portati al campo 3 che lui poteva raggiungere abbastanza agevolmente in allenamento dal campo base. Si trattava, tutto sommato, di un gesto altruistico. In fondo, per scendere dal campo 4 al 3 e risalire ci avremmo impiegato quasi una giornata. Tra andata e ritorno erano oltre 9 chilometri e 1000 metri di dislivello in

comportamenti altrui in chiave di persecuzione, odio e attacco nei propri confronti che tutti più o meno occasionalmente diamo.

mezzo a crepacci e slavine. Insomma, nulla di straordinario ma neppure una passeggiata. Il sorteggio designò me quale «corriere». Scesi, lasciai gli scarponi e tornai. La sera – in occasione del contatto radio – informammo Jean che i suoi scarponi erano stati portati al campo 3. Ma Jean interpretò il nostro gesto come una pressione a tentare il record, come se stessimo già sgomberando il campo!

Nei gruppi, i «non detti», cioè tutte le interpretazioni e le convinzioni che non vengono esplicitate e sottoposte all'esame di realtà, producono tossine. Quando abbassiamo il livello di comunicazione in termini di quantità e di qualità, i «non detti» acquisiscono forza e vigore in maniera esponenziale. Si tratta di un pericolo insito in particolare in tutte le nuove tecnologie comunicative.

Pensiamo alle email. Le email rappresentano uno strumento che priva la comunicazione di tutto l'aspetto non verbale da cui normalmente ricaviamo una gran quantità di informazioni, che sono essenziali per l'interpretazione corretta del messaggio. Se per esempio riceviamo un messaggio email con il nostro nome scritto con l'iniziale minuscola, oppure senza saluti, ci chiederemo immediatamente se l'omissione è intenzionale, oppure se è scherzosa o se è semplicemente frutto di una disattenzione generata dalla fretta. Essendo privi delle informazioni veicolate dalla comunicazione non verbale, la scelta dell'interpretazione diventa difficile. Non a caso oggi si tende a inserire nelle email degli strumenti di supporto alla corretta decodifica: gli emoticon, che in fondo non sono altro che dei surrogati della comunicazione non verbale che è venuta a mancare. Anche l'antica lettera cartacea presentava gli stessi limiti; tuttavia la lentezza di quella forma di comunicazione garantiva che il messaggio fosse sufficientemente meditato –

e quindi che fossero esclusi gli errori dovuti alla fretta. Inoltre, sempre la lentezza del mezzo consentiva di prendere distanza dalle emozioni che il messaggio veicolava. Oggi tutto è accelerato. Non si riesce in alcun modo a distanziarsi dalle emozioni. Una semplice email all'interno di un'organizzazione può diventare la miccia che innesca dei forti conflitti se chi riceve il messaggio lo interpreta «male». Occorre di conseguenza che le persone si prendano la responsabilità della comunicazione. Bisogna essere sicuri non solo che il messaggio sia stato ricevuto, ma anche compreso in modo corretto. L'atteggiamento dell'«io la mail gliel'ho mandata, che si arrangi» non basta più, se si vuole creare un ambiente organizzativo che sostenga le motivazioni. E comunque la comunicazione «face-to-face» va permessa e incoraggiata il più possibile. Più la comunicazione è ricca, minore sarà il rischio di essere fraintesi.

In Alaska il livello di comunicazione era ridotto in modo drammatico dalla situazione logistica. Sul Denali i «non detti» – ciò che non veniva chiarito – finivano per diventare simili a uno dei pericoli più letali presenti in quell'ambiente: prendevano la forma di una valanga che aumentava di potenza man mano che cadeva, alimentando il conflitto e spazzando via tutte le relazioni.

Far finta di niente, non affrontare i temi «scottanti», evitare di parlare di cose potenzialmente fastidiose, sono comportamenti diffusi in molti gruppi per cercare di evitare le frizioni. In realtà questi comportamenti ottengono l'effetto contrario: aumentano i conflitti e demotivano le persone. Solo alzando il livello della comunicazione si previene la creazione dei «fantasmi». Ma una volta che questi ci sono e girano all'interno del gruppo, l'unico mezzo per debellarli sta nel diffondere una cultura organizzativa che accetti e promuova lo scontro costruttivo: cioè il confronto, anche deciso, sulle idee, ma che si astiene sempre dallo scendere sul piano personale. Esperienze effettuate in molte aziende dimostrano che la cultura dello scontro costruttivo non abbassa, ma innalza la performance del gruppo.*

Ma torniamo alla nostra storia. Finalmente, il tentativo ebbe luogo: partito intorno alle 7 del mattino dal campo base a circa 2200 metri, Jean raggiunse il campo 4 (4300 metri) in tre ore e mezzo. Per inciso, gli alpinisti normali impiegano tre giorni. Un tempo straordinario, velocissimo, forse fin troppo veloce. Da qui Jean ha abbandonato gli sci per procedere a piedi lungo un ripido pendio di ghiaccio e lungo l'esposta cresta che porta al campo 5 a quota 5200 metri. Dal campo 5 in poi Jean ha cominciato a pagare in termini di fatica cocente la velocità eccessiva tenuta fino a quel momento; e in alto si è improvvisamente alzato un vento molto forte. Jean è giunto al Denali Pass, il varco che incanala e amplifica i venti gelati provenienti dalle distese della Siberia. La sofferenza si è fatta ancora più forte, il passo più lento. Qui è diventato determinante un fatto avvenuto al campo 4: lì Jean aveva deciso di sbarazzarsi della ricetrasmittente, nonostante le mie obiezioni documentate dalle riprese della telecamera fissa. (Mi sono sempre comunque sentito corresponsabile di questa follia. Forse avrei dovuto impormi, ma avevo valutato che stressare ulteriormente un atleta già al limite non fosse una buona idea.) Lasciare la radio fu una grave leggerezza, compiuta per risparmiare un peso di poco superiore al chilo. Mentre

* Kathleen M. Eisenhardt et al., *How Teams Have a Good Fight*, in *Harvard Business Review*, 1997.

Jean era in crisi al Denali Pass, Patrick e Alain, le due guide che lo attendevano nelle vicinanze della vetta, si sono preoccupate. A questo punto Jean era molto in ritardo rispetto ai tempi previsti. Non avendolo a vista, non potendo sentirlo alla radio, hanno cominciato a scendere per cercarlo pensando a un malore o peggio ancora. Nel frattempo il vento era aumentato e il freddo stava scaricando anche le loro radio rendendo l'intera situazione potenzialmente catastrofica. Quando Jean fu finalmente raggiunto, erano passate circa sette ore dalla partenza e la vetta non distava più di due ore e mezzo: Jean era quindi in condizione per battere ampiamente il record di Kellogg. Tuttavia, valutata la situazione nel complesso – venti fortissimi, atleta sfinito e radio scariche – i tre decisero di fare dietrofront, convinti di poter effettuare un secondo tentativo nei giorni successivi. Il Creatore di Tempeste non ha poi permesso che questo secondo tentativo venisse realizzato: con il tempo stabilmente al brutto, ha costretto la squadra ad attendere e poi a ritirarsi al campo base quando ormai non c'era più né cibo né combustibile. Il maltempo ha fatto slittare di qualche giorno anche l'atterraggio dell'aereo che ci doveva prelevare.

Ma il maltempo, in Alaska, è una presenza fissa, prevedibile. Attribuirgli il fallimento del record sarebbe troppo facile. Il record non è stato conseguito perché la spedizione era stata organizzata in modo troppo frettoloso, senza un adeguato lavoro di costruzione del gruppo e delle relazioni all'interno. È bastato un problema comunicativo per deteriorare le relazioni tra i membri. Le persone si sono demotivate e il livello di stress nel gruppo è cresciuto. Ne ha fatto le spese l'atleta, l'anello più esposto. Una partenza così veloce e forsennata è il segno – a mio parere – di una perdita di controllo e di lucidità. La scelta di non prendere con sé la radio conferma questo sospetto. A poco è servita a consolarci la decorazione con cui la squadra è stata insignita dal Corpo dei Ranger americani per «l'attenzione dimostrata agli aspetti di sicurezza durante la spedizione».

Punti chiave

- Le organizzazioni devono rinunciare alla presunzione di poter motivare le persone, se con questa espressione intendiamo iniettare magicamente cariche motivazionali nei propri membri. Più realisticamente le organizzazioni devono lavorare per sostenere e far crescere la motivazione già presente negli individui: e questa non è una magica scorciatoia, ma una strada lunga e faticosa. Per prima cosa occorre evitare le condizioni che abbassano la motivazione. Infatti, se è vero che i motivatori magici non esistono, è altrettanto vero che grandi demotivatori si diventa in un attimo. Occorre quindi attivare una serie di condizioni organizzative che sostengono l'automotivazione.

- Il primo accorgimento sta nell'essere disposti a investire tempo ed energie per stare insieme e conoscere a fondo i membri della squadra. Siamo governati dal falso assunto che le buone relazioni si trovano e non si costruiscono (il complesso del Principe Azzurro). Perciò tendiamo a sottovalutare l'importanza di investire nei rapporti. In realtà è molto più facile ed economico cambiare le relazioni piuttosto che le persone.

- Entrare in sintonia con le motivazioni intrinseche altrui, fare sentire le persone capaci, riconoscere le loro competenze e i loro progressi:

tutto ciò ha effetti molto più potenti sulla motivazione che non il ricorso agli incentivi o all'autoritarismo. Avere fiducia nelle capacità altrui è un preciso comportamento, non una scommessa. Si può sempre attuare e dà i suoi frutti.

- Le persone hanno bisogno di sentirsi autonome, autodeterminate. Uno stile di leadership troppo prescrittivo demotiva, oltre a richiedere risorse ingenti e contesti perfettamente noti, cosa non sempre realizzabile.

- La comunicazione umana segue precise leggi. La comunicazione va presidiata e non può essere data per scontata. Altrimenti i «non detti», le cose mai esplicitate, i conflitti soffocati sul lungo periodo diventano una valanga che travolge motivazione e relazioni interpersonali. Anche i moderni mezzi di comunicazione (email, socialnetwork...), se non sorvegliati, aumentano la percentuale di interpretazione dei messaggi e creano conflitto. Bisogna allenarsi specificamente a gestire i conflitti nel team. Questo significa creare una cultura del confronto costruttivo.

Capitolo 6

Individualità straordinarie che condividono obiettivi: il dilemma dell'ultramaratoneta

Essere un gruppo
non è sufficiente per avere un team.

Nei precedenti capitoli abbiamo percorso un viaggio che ci ha portato a capire meglio cosa siano le motivazioni. Abbiamo esaminato come si possa agire sui fattori che ne frenano la forza; e quali siano a livello organizzativo i fattori che le indeboliscono.

Costruire un buon clima relazionale, dare autonomia, sostenere il senso personale di autoefficacia, curare la comunicazione: sono alcune delle leve che sostengono a livello organizzativo la motivazione individuale.

Tutto questo, però, non è ancora sufficiente. Ciò che ora abbiamo in mano è una struttura organizzativa che sostiene la motivazione individuale; e un gruppo di persone molto automotivate ma che perseguono sostanzialmente obiettivi personali.

La vita in gruppi sociali organizzati non è solo prerogativa umana. Essa è semplicemente una dimensione resa possibile dall'evoluzione del cervello dei rettili nel cervello dei mammiferi, che possiede le strutture atte a regolare le interazioni sociali. Lupi, macachi ed elefanti conducono la loro esistenza all'interno di efficienti gruppi organizzati. Ma non hanno team resilienti, cioè «gruppi composti da individui altamente automotivati che condividono obiettivi operativi* e sono capaci di produrre insieme elevate prestazioni». *Un semplice gruppo non è un team.* Per avere un team non basta raggruppare un certo numero di individui, per quanto motivati essi siano. Essere degli animali sociali – una condizione che condividiamo con i gibboni – non è condizione sufficiente per costruire dei commandos o delle task force efficaci ed efficienti.

Ci sono gruppi che condividono obiettivi generici e non per questo possono essere considerati dei team. Un gruppo di amici che si ritrova periodicamente per stare insieme non può essere considerato un team proprio per questa ragione: lo «stare insieme» o il «divertirsi» non hanno le caratteristiche di un obiettivo operativo.

Ma cosa vuol dire condividere un obiettivo? Che tutti obbediscono nel perseguirlo anche se in cuor proprio non sono d'accordo? Che tutti lo seguono credendoci ciecamente? Che l'obiettivo è stato scelto insieme? Non necessariamente. Condividere gli obiettivi con qualcuno non significa quasi mai negoziarli con lui. Obiettivi militari, sportivi o finanziari non sono quasi mai negoziabili. Condividere significa invece che tutti sanno *esattamente* «dove» si è deciso di andare e «come» ci si andrà. Anche se inevitabilmente ognuno porta nel team aspettative e biso-

* Per obiettivi operativi intendo obiettivi chiari, precisi, concreti.

gni diversi, occorre dare un significato univoco ai risultati da raggiungere e alle azioni da intraprendere.

Come si ottiene la condizione in cui si dà un significato univoco ai risultati da raggiungere e alle azioni da intraprendere? Bisogna aver respirato tutti «la stessa aria». Cioè, per arrivare a condividere gli obiettivi, bisogna prima aver condiviso i valori e le regole alla base del team.

I valori spesso vengono confusi con gli obiettivi. Eppure sono una cosa ben diversa. Gli obiettivi riguardano il futuro, i valori sono qui e ora. Se gli obiettivi sono i luoghi da raggiungere, i valori sono le direzioni attraverso cui abbiamo deciso di muoverci. In un team, i valori rappresentano le modalità di comportamento, il «come» individuato per raggiungere gli obiettivi. Quanto più sono esplicitati all'interno del team diventando consapevoli, tanto più vengono interiorizzati rafforzando l'automotivazione. Al contrario, non c'è nulla di più demotivante di un membro del team che con il proprio comportamento neghi in maniera implicita i valori partecipati: ad esempio, come mi è capitato di vedere in una squadra di rugby che aveva come valori dedizione, passione e coinvolgimento continuo, un team manager che puntualmente leggeva il giornale mentre la squadra si allenava.

Quanto alle regole, conviene esplicitarle il più possibile, chiedendo un'adesione attiva dei soggetti. Le regole date per scontate o non esplicitate non funzionano, perché le persone non si sentono vincolate. Un noto esperimento condotto più di trent'anni fa* dimostrò che le persone ten-

* T. Moriarty, *Crime, Commitment and the Responsive Bystander: Two Field Experiments*, in *Journal of Personality and Social Psychology*, 31 (1975), pp. 370-376.

dono a rimanere indifferenti se in spiaggia un estraneo (d'accordo con gli sperimentatori) si impadronisce degli oggetti di un vicino d'ombrellone sconosciuto temporaneamente assente, mentre intervengono a difesa delle proprietà del vicino se viene chiesto loro in via preliminare di «dare un'occhiata, per favore».

Se le regole e i valori non sono definiti con chiarezza, il gruppo fa fatica a condividere gli obiettivi e a trasformarsi in team. C'è un fenomeno interessante che esemplifica questa situazione e che ho chiamato il «dilemma dell'ultramaratoneta». L'ultramaratona tende a selezionare nei propri atleti caratteristiche di forte individualità. Persone che in gara devono abituarsi a contare solo su se stesse, super-motivate, volitive, resilienti. Fino a tempi recenti l'ultramaratona era una gara del tutto individuale e tale aspetto veniva enfatizzato, per vari motivi, soprattutto nella specialità dei 100 chilometri. In questa situazione, condividere gli obiettivi del team era facile. Infatti gli obiettivi condivisi dalla squadra coincidevano con quelli personali dell'atleta: portare a casa quante più medaglie individuali fosse possibile.

Poi, a livello delle competizioni internazionali, le cose sono cambiate. Ha assunto una sempre maggiore importanza la medaglia «a squadra» (cioè la classifica per nazioni legata alla somma dei piazzamenti individuali). Tuttavia non si deve pensare che ora esista un'equazione semplicistica per cui «medaglia individuale» equivale a un obiettivo egoistico, e «medaglia a squadre» a un obiettivo condiviso. In realtà non è così. La medaglia individuale di un certo atleta può rappresentare un obiettivo condiviso e sperato dall'intera squadra. Così è stato per esempio nel caso della medaglia d'oro di Giorgio Calcaterra al Mondiale 2011 della 100 chilometri. Invece, il mutamento introdotto dalla medaglia a squadre è stato più complesso, perché ha stravolto le logiche della gara. Il contributo degli atleti che non hanno speranza di affermazione a livello di medaglia individuale è diventato più prezioso, e la stessa tattica di gara si è trasformata, perché l'eventuale ritiro del singolo diventa un'opzione dannosa per il piazzamento collettivo. E qui subentra il dilemma dell'ultramaratoneta. Infatti l'atleta mentre corre si chiede: «Devo puntare all'obiettivo individuale correndo alla mia massima velocità relativa? Questo significa rischiare di fermarmi prima del traguardo perché ho scelto un ritmo troppo elevato che non riesco a tenere per cento chilometri. Se questo accade non do un contributo né al medagliere individuale né a quello a squadre. Oppure parto fin da subito prudentemente, puntando solo al piazzamento di squadra? Però così magari rinuncio in partenza a una medaglia individuale». Prima dell'avvento della competizione a squadre, chi correva poteva pensare solo a se stesso e puntare totalmente al proprio obiettivo individuale. Poteva anche «strafare», tentare ritmi insostenibili: se fosse crollato, se avesse dovuto ritirarsi, la squadra ci avrebbe «rimesso» solo in termini di mancato piazzamento individuale. Oggi è diverso. Un ritiro equivale a meno punti per la medaglia a squadre. Quindi l'atleta, anche se è sfinito e l'affermazione individuale è sfumata, deve pensare al team. Se si è infortunato (il manifestarsi di infiammazioni durante la gara è un fenomeno consueto) e mancano ancora molte ore al termine, deve resistere per arrivare alla fine; magari roso dal dubbio che forzando rischia di trasformare un infortunio lieve in qualcosa di grave.

Il dilemma dell'ultramaratoneta è una forma di conflitto

decisionale che può avere un impatto distruttivo sulla motivazione dell'atleta se questi non ha perfettamente chiari i valori e le regole. È l'esempio lampante di quanto sia difficile condividere gli obiettivi quando mancano certezze sulle premesse.

Dopo una gara internazionale segnata da molti ritiri, si verificarono forti conflitti all'interno della squadra. Alcuni sostenevano che chi veste la maglia azzurra deve comunque finire la gara e non deve ritirarsi a nessun costo. Gli altri ribattevano che è stupido farsi male e interrompere l'attività agonistica per mesi interi solo perché non ci si vuole ritirare. In termini assoluti ambedue gli schieramenti dicevano la verità e avevano ragione. Entrambi percepivano i propri obiettivi come condivisibili dal gruppo, non come mete solo personali.

Era accaduto semplicemente che ognuno era portatore di un valore differente. Per esempio, può essere del tutto legittima l'idea di ritirarsi. Non è detto che sia moralmente riprovevole. Dipende dal valore che ho scelto. Se il mio valore è l'affermazione individuale pura e semplice, i conti tornano. Ma se il valore predominante nel team è l'appartenenza alla maglia azzurra, mi sto comportando in modo dissonante. E quindi creo conflitti, stress e demotivazione all'interno del gruppo.

Il vero problema era a monte. Era che nessuno aveva ancora esplicitato quale valore fosse quello scelto dalla squadra. Non era ancora stato fatto nessun lavoro per esplicitare a fondo e rendere consapevoli regole e valori. E in queste condizioni condividere gli obiettivi era illusorio. Se questo lavoro fosse stato fatto, l'atleta avrebbe potuto destreggiarsi molto meglio all'interno del dilemma dell'ultramaratoneta. Avrebbe potuto scegliere più serenamente cosa fare.

Quando la condivisione dell'obiettivo è veramente forte, quando si è lavorato a lungo su questo tema, le persone sono disposte a sacrificargli persino il loro sogno personale.

Punti chiave

- Un semplice gruppo non è un team. Un team è un gruppo caratterizzato dall'essere composto da persone con una forte motivazione individuale, ma che sono capaci di mettere questa motivazione al servizio di un obiettivo condiviso.
- Se l'obiettivo non è condiviso, essere un gruppo di persone fortemente motivate può non essere un vantaggio.
- La condivisione dell'obiettivo non si improvvisa. Non si arriva a condividere nulla se prima non si è lavorato a lungo per esplicitare la visione, i valori e le regole dell'organizzazione.
- Quando regole e valori non sono chiari, il soggetto va incontro a situazioni di conflitto decisionale che lo demotivano. Quando il retroterra è chiaro, si rimane motivati anche in situazioni di scelta e cambiamento degli obiettivi. È il caso del cosiddetto «dilemma dell'ultramaratoneta».

Conclusioni

Il concetto di resilienza, la capacità di automotivarsi, il saper esprimere alti livelli di impegno assumeranno un interesse pratico sempre maggiore nei prossimi anni. Siamo giunti a un momento epocale della storia dell'Occidente, il momento in cui i nodi arrivano al pettine: abbiamo raggiunto i limiti nello sfruttamento delle risorse della biosfera. E la scarsità delle risorse ci accompagna con una crescente diseguaglianza economica e sociale; ma anche con la poltiglia valoriale in cui la società attuale si dibatte e con l'assoluta inadeguatezza delle classi politiche nel gestire questi problemi. Perciò è probabile che di fronte a queste straordinarie sfide che l'attendono l'individuo si troverà sempre più solo, essendo le istituzioni sempre meno capaci di farsi carico dei suoi bisogni reali. L'Homo consumens avrà sempre meno risorse da dilapidare: forse per la prima volta dai tempi del crollo dell'impero romano le nuove generazioni godranno di minor benessere in termini di possibilità di consumo di quelle che le hanno precedute. Le nuove generazioni avranno bisogno di molta resilienza, di molta motivazione, di molta capacità di perseverare. Il problema non sono le crisi: il problema sta nelle nostre capacità nell'affrontarle. La nostra società attribuisce la massima importanza alle qualità esterne, a quelle visibili; e ne accorda molto poche a quelle interne, invisibili. Oggi per esempio comincia a esserci molta attenzione al problema del sovrappeso giovanile, e la cosa è lodevole. Ma poco ancora si fa per capire cosa succeda invece non solo al corpo, ma anche nella mente e nella personalità di chi cresce in un mondo come il nostro. Che indubbiamente è migliore sotto molti aspetti dei mondi del passato; ma che tuttavia non è sempre in sintonia con i reali bisogni e le reali prerogative umane. Lo sport è solo una metafora. È un ottimo laboratorio per capire su «cosa» occorre lavorare; e anche su «come» dobbiamo incominciare a farlo. Perseverare è umano: diabolico è arrendersi.

Ringraziamenti

Questo libro non sarebbe stato lo stesso senza il sostegno, i contributi, l'aiuto, le discussioni con:

Bruno Brunod, Gabriela Monti, Franz Rossi, Federico Schena, il mio team di laureandi (Simona Mochen, Matteo Giurato, Pietro Fontanari), Luca Speciani, Roberto Ghidoni, Nicola Tiso, Claudio Bastrentaz, Stefano Scevaroli, Gregorio Zucchinali, Giorgio Marchesi, Enrico Vedilei, Maurizio Riccitelli, Roberto Campaci, tutte le atlete, gli atleti e lo staff delle Squadre nazionali di Ultramaratona (grazie, per le «estenuanti discussioni» a Monica Casiraghi e Maria Grazia Villella), Cristian Zorzi, Sabina Valbusa, Pietro Piller Cottrer, Silvio Fauner, Daniele Vietti, Maurizio «PTL» Crepaldi, Romano Trabucchi, Jean Pellissier, Gabriella Morelli, Aurelio Marguerettaz, Jean Barocco, Alessandra Nicoletti, Luigi Bianchetti, Checco Galanzino, Gregoire e Guillaume Millet, il Team Tecnica e i suoi angeli custodi Maurizio Di Trani, Marco Zanchi, Aurelio Michelangeli e Edy Strickner.

Sono debitore di molte idee e consigli verso Dario Balasso.

Un particolare ringraziamento per la pazienza nel lavoro editoriale a Luisa Azzolini.

Indice

PIETRO TRABUCCHI

RESISTO DUNQUE SONO

C'è una buona notizia: gli esseri umani sono stati progettati per affrontare con successo difficoltà e stress. Discendiamo da gente che è sopravvissuta a un'infinità di predatori, guerre, carestie, migrazioni, malattie e catastrofi naturali. Noi siamo costruiti per convivere quotidianamente con lo stress. A questo scopo possediamo dentro di noi, come un dono, un insieme di risorse che abbiamo ereditato dal passato e che costituiscono la nostra «resilienza». L'individuo resiliente ha una serie di caratteristiche psicologiche inconfondibili: è un ottimista e tende a «leggere» gli eventi negativi come momentanei e circoscritti; ritiene di possedere un ampio margine di controllo sulla propria vita e sull'ambiente che lo circonda, è incline a interpretare i cambiamenti come una sfida e come un'opportunità piuttosto che come una minaccia, e di fronte a sconfitte e frustrazioni tende a non perdere la speranza.
Ma la notizia migliore è che resilienza può essere potenziata. Possiamo imparare a gestire lo stress. E nella nostra cultura c'è un ambito che può promuovere in modo strutturale la resilienza: il mondo dello sport che può essere utilizzato come metafora, ma anche come disciplina da cui mutuare metodologie ed esperienze, come fa Pietro Trabucchi in questo libro che sarà di aiuto a tutti coloro che vogliono vivere e non lasciarsi vivere.

7 EDIZIONI

CORBACCIO

STÉPHANE CLERGET
BERNADETTE COSTA-PRADES
FATEVI RISPETTARE!

In famiglia, nella coppia, sul lavoro, o in strada, il rispetto è diventato una merce sempre più rara. Sembra che lo si possa ottenere solo urlando più forte degli altri. Ma in verità chi urla e strepita ispira solo paura. Il rispetto non si impone né con la forza né con l'aggressività. Ed è il rispetto che ci rende umani, che ci permette di vivere in una società. Cosa accade quando veniamo trattati come delle cose? Perdiamo la capacità di essere dei soggetti attivi e, con essa, la nostra libertà interiore, sola garante del rispetto. Questo libro si pone lo scopo di far tornare la voglia di riprendere in mano le redini della propria vita, senza per questo maltrattare gli altri. Dimentichiamo a volte che se il rispetto inizia da se stessi, il diritto al rispetto va di pari passo con il dovere di rispettare gli altri. Se il precetto «Amiamoci l'un l'altro » a volte è troppo difficile da seguire, proponiamo con forza: «Rispettiamoci l'un l'altro!»

CORBACCIO

I Libri del Benessere

Christophe André, *Chi ha paura della paura*
Christophe André, *Dell'arte della felicità*
Christophe André, *Dell'arte della meditazione*
Christophe André, *Imperfetti e felici*
Christophe André, *Quattro lezioni di pace interiore*
Christophe André, *Vivere felici*
C. André – F. Lelord, *La stima di sé*
C. André – F. Lelord, *La forza delle emozioni*
Nathaniel Branden, *Le donne e la stima di sé*
Nathaniel Branden, *I sei pilastri dell'autostima*
Nathaniel Branden, *L'arte di vivere consapevolmente*
Nathaniel Branden, *La psicologia dell'amore romantico*
Barbara Brennan, *Mani di luce*
Barbara Brennan, *Luce emergente*
Brendon Burchard, *Ricco non per caso*
S. Clerget – B. Costa-Prades, *Fatevi rispettare!*
Jorge Cruise, *Otto minuti ogni mattina*
Jorge Cruise, *Otto minuti ogni mattina per snellire fianchi e cosce*
John Cushnie, *Giardinaggio per piccoli spazi*
Michael De Jong, *Lo Zen e l'arte delle pulizie*
Michael De Jong, *Lo Zen per l'armonia e la pulizia del corpo*
A. Demarais – V. White, *La prima impressione*
A. Dixit – B. Nalebuff, *L'arte della strategia*
Charles Duhigg, *La dittatura delle abitudini*
Wayne W. Dyer, *C'è una soluzione spirituale a ogni problema*
Wayne W. Dyer, *Che cosa volete davvero per i vostri figli?*
Wayne W. Dyer, *Come fare miracoli*
Wayne W. Dyer, *Credere per vedere*
Wayne W. Dyer, *In armonia*
Wayne W. Dyer, *Niente scuse!*

Wayne W. Dyer, *Il cambiamento*
Wayne W. Dyer, *Il potere dell'intenzione*
Wayne W. Dyer, *La saggezza del Tao*
Wayne W. Dyer, *La saggezza di ogni giorno*
Wayne W. Dyer, *La voce dell'ispirazione*
Wayne W. Dyer, *Ogni tuo desiderio sarà esaudito*
Blanche Ebbutt, *Quello che i mariti non devono fare*
Blanche Ebbutt, *Quello che le mogli non devono fare*
Rita Emmett, *L'arte di non rinviare*
Donna Farhi, *Lo yoga nella vita*
R. Fisher – B. Patton – W. Ury, *L'arte del negoziato*
R. Fisher – S. Brown, *Troviamo un accordo*
R. Fisher – D. Shapiro, *Il negoziato emotivo*
Jane Fonda, *Gli anni migliori*
Helen Foster, *IG La dieta dell'indice glicemico*
B. J. Gallagher, *Perché non faccio le cose che mi fanno bene?*
Kahlil Gibran, *Versi spirituali*
John Gray, *Marte e Venere si corteggiano*
D. Green – C. Collins, *Abbasso il colesterolo!*
Ray Grigg, *Il Tao della barca*
F. Hahn – M. Eades – M. Eades, *Il metodo Slow Burn*
Alan Herdman, *Pilates per persone che hanno troppo da fare*
Julia Hill, *Ognuno può fare la differenza*
Jon Kabat-Zinn, *Riprendere i sensi*
Jon Kabat-Zinn, *Vivere momento per momento*
Jon Kabat-Zinn, *L'arte di imparare da ogni cosa*
J. Kabat-Zinn – M. Kabat-Zinn, *Benedetti genitori*
Jack Kornfield, *Il cuore saggio*
Lam Kam Chuen, *Il manuale del Feng Shui*
Lam Kam Chuen, *Il manuale del Feng Shui Personale*
Harold Kushner, *Vivere bene comportandosi bene*
Mary Lambert, *Ogni cosa al suo posto e un posto per ogni cosa*
Mary Lambert, *In principio era il caos...*
Ellen J. Langer, *La mente consapevole*
J. Littman, M. Hershon, *Io odio la gente*
Susanna Longley, *Il giardiniere dilettante*

Andrew G. Marshall, *Single? No, grazie!*
Andrew G. Marshall, *Ti voglio bene ma non ti amo più*
Gillian McKeith, *La dieta McKeith*
Gillian McKeith, *Sei quello che mangi*
Tracy McMillan, *Perché non sei (ancora) sposata?*
Scheffer Mechthild, *Il grande libro dei fiori di Bach*
Alex Mitchell, *L'orto sul terrazzo*
Raymond Moody, *Schegge di eternità*
Judith Morrison, *Il grande libro dell'Ayurveda*
Rob Nairn, *Che cos'è la meditazione?*
Lisa Nichols, *La legge della determinazione*
Maud Nordwald Pollock, *Dal cuore attraverso le mani*
Lynne Robinson, *Pilates per dimagrire*
Rebecca Rosen, *Spirited*
Nino Salvaneschi, *Breviario della felicità*
Anna Selby, *Pilates per il mal di schiena*
Anna Selby, *Pilates per la pancia piatta*
A. Selby – A. Herdman, *Pilates*
Andy Sernovitz, *L'arte del passaparola*
Bernardo Stamateas, *È facile liberarsi dei rompipalle se sai come farlo*
Robin Stern, *Come mi vuoi?*
Anna Talò, *Meditazioni per donne sempre di corsa*
Pietro Trabucchi, *Perseverare è umano*
Pietro Trabucchi, *Resisto dunque sono*
William Ury, *Il No positivo*
Edward Vilga, *Lo yoga a letto*
Wallace D. Wattles, *La scienza del diventare ricchi*
Eva Wong, *Feng Shui*
Valerie Young, *Vali più di quel che pensi*
Allen Zadoff, *Fame*
Gary Zukav, *La danza dei maestri Wu Li*
Gary Zukav, *Il potere autentico delle relazioni*
G. Zukav – L. Francis, *Il cuore dell'anima*
G. Zukav – L. Francis, *La mente dell'anima*
G. Zukav, *Da anima ad anima*

Fotocomposizione:
Nuovo Gruppo Grafico s.r.l. - Milano

Finito di stampare
nel mese di febbraio 2013
dal Nuovo Istituto Italiano d'Arti Grafiche – Bergamo
Printed in Italy